AF590053

Ancrées dans le Nouvel-Ontario, les Éditions Prise de parole appuient les auteurs et les créateurs d'expression et de culture françaises au Canada, en privilégiant des œuvres de facture contemporaine.

Prise de parole

Éditions Prise de parole
C.P. 550, Sudbury (Ontario)
Canada P3E 4R2
www.prisedeparole.ca

Nous reconnaissons l'aide financière du gouvernement du Canada par l'entremise du Fonds du livre du Canada (FLC), du programme Développement des communautés de langue officielle de Patrimoine canadien, et du Conseil des Arts du Canada pour nos activités d'édition. La maison d'édition remercie également le Conseil des Arts de l'Ontario et la Ville du Grand Sudbury de leur appui financier.

Canada

L'extrême frontière

Poèmes 1972-1988

Du même auteur

Complaintes du continent, Moncton, Éditions Perce-Neige, 2014 [1993], prix de poésie des Terrasses Saint-Sulpice.

Moncton mantra, nouvelle édition, coll. « BCF », Sudbury, Éditions Prise de parole, 2012 [2008, 1997].

Poèmes new-yorkais, Moncton, Éditions Perce-Neige, 2005.

Techgnose, Moncton, Éditions Perce-Neige, 2004.

Géomancie, nouvelle édition, coll. « BCF », des recueils *Comme un otage du quotidien* [1981], *Géographie de la nuit rouge* [1984] et *Lieux transitoires* [1986], Ottawa, Éditions L'Interligne, 2003.

Le plus clair du temps, Moncton, Éditions Perce-Neige, 2001.

avec Claude Beausoleil (choix et présentation), *La poésie acadienne, une anthologie*, Moncton, Éditions Perce-Neige et Trois-Rivières, Écrits des Forges, 1999.

Je n'en connais pas la fin, Moncton, Éditions Perce-Neige, 1999.

Méditations sur le désir, Moncton, livre d'artiste avec Guy Duguay, Atelier Imago, 1996.

Éloge du chiac, Moncton, Éditions Perce-Neige, 1995.

avec Jean-Paul Daoust, « De la rue, la mémoire, la musique », *Lèvres urbaines*, n° 24, 1993.

Amazon Angel, traduction de *Ange Amazone* de Yolande Villemaire, paru en 1982, Toronto, Guernica, 1993.

avec Herménégilde Chiasson et Claude Beausoleil, *L'événement Rimbaud*, Moncton, Éditions Perce-Neige et Trois-Rivières, Écrits des Forges, 1991.

Les matins habitables, Moncton, Éditions Perce-Neige, 1991.

avec Claude Beausoleil, *La poésie acadienne, 1948-1988*, Trois-Rivières, Écrits des Forges, 1988.

Lieux transitoires, Moncton, Michel Henry Éditeur, 1986 ; [épuisé, voir *Géomancie*, 2003].

avec Herménégilde Chiasson, « Précis d'intensité », *Lèvres urbaines* n° 12, 1985.

Géographie de la nuit rouge, Moncton, Éditions d'Acadie, 1984 ; [épuisé, voir *Géomancie*, 2003].

Comme un otage du quotidien, Moncton, Éditions Perce-Neige, 1981 ; [épuisé, voir *Géomancie*, 2003].

Gérald Leblanc

L'extrême frontière

Poèmes 1972-1988

Préface à l'édition originale
Herménégilde Chiasson

Préface à cette édition
Pénélope Cormier

Bibliothèque canadienne-française
Éditions Prise de parole
Sudbury 2015

Œuvre en première de couverture : Réjean Toussaint, sans titre, techniques mixtes, 1987
Œuvre en couverture arrière montrant Gérald Leblanc : Rémi Belliveau, d'après une photographie réalisée par Paul J. Bourque.
Conception de la première de couverture : Olivier Lasser

Diffusion au Canada : Dimedia

Catalogage avant publication de Bibliothèque et Archives Canada
Leblanc, Gérald, 1945-2005, auteur
L'extrême frontière / Gérald Leblanc. – 2e édition.
(Bibliothèque canadienne-française) Poèmes. Comprend des références bibliographiques. Publié en formats imprimé(s) et électronique(s).
ISBN 978-2-89423-916-2. – ISBN 978-2-89423-762-5 (pdf).
– ISBN 978-2-89423-893-6 (epub)
I. Titre. II. Collection : Bibliothèque canadienne-française (Sudbury, Ont.)
PS8573.E326E97 2014 C841'.54 C2014-904905-6
C2014-904906-4

ISBN 978-2-89423-916-2 (Papier)
ISBN 978-2-89423-762-5 (PDF)
ISBN 978-2-89423-893-6 (ePub)

Préface
Gérald Leblanc
parcours intime, parcours social

Ami, mentor, citoyen engagé, avide polémiste et *poète de Moncton*, Gérald Leblanc a été au centre névralgique du devenir acadien pendant des décennies. Voilà sans doute pourquoi son œuvre poétique est inextricablement liée au destin collectif, comme nous le rappelle chaque page de *L'extrême frontière* (1988). Quatrième publication de Gérald Leblanc, ce recueil rétrospectif est aussi, en quelque sorte, sa première ; en effet, il y présente des textes (inédits ou publiés en revue) écrits depuis le début des années 1970, alors que son premier recueil paraît en 1981. Le poète y reconstitue sa trajectoire, d'écrivain amateur à professionnel, une entreprise rétrospective qui se révèle plus engagée socialement que strictement autobiographique. Du moins, c'est ainsi qu'il en explique la portée, près de vingt ans plus tard, dans le documentaire que Rodrigue Jean lui a consacré, également intitulé *L'extrême frontière* : « Ce livre-là est important en ce sens que je voulais montrer quelque part, de ma modeste manière, qu'un projet littéraire était possible en Acadie[1] ». Le parcours qu'il propose de son œuvre témoigne également du parcours de la littérature collective, et invite certes les autres à poursuivre le trajet, mais l'écriture de Leblanc est aussi une affirmation radicale du pouvoir de la poésie.

soudain la poésie
de façon soutenue et sauvage
à partir de 1972 (p. 23)[2]

Dans « Parcours du bleu », poème liminaire contemporain à la parution du recueil, Leblanc évoque le moment zéro de la littérature acadienne contemporaine : l'année 1972. Il s'agit avant tout d'un hommage explicite à *Cri de terre* de Raymond Guy LeBlanc, première œuvre littéraire publiée par une maison d'édition acadienne. Ce n'est pas un hasard si les plus anciens poèmes rassemblés dans *L'extrême frontière* remontent aussi à cette année, qui marque pour plusieurs, y compris Gérald Leblanc, l'entrée de la littérature acadienne dans la modernité. Aucun des trois recueils fondateurs[3] ne connaîtra immédiatement de suite, leurs auteurs ayant peu écrit après leur publication – du moins pas avant la fin des

[1] Dans Rodrigue Jean [réalisateur], *L'extrême frontière : l'œuvre poétique de Gérald Leblanc*, DVD, Moncton, Office national du film, 2006.

[2] Les chiffres entre parenthèses renvoient au folio de la présente édition.

[3] Avec *Cri de terre* (1972) de Raymond Guy LeBlanc, il s'agit d'*Acadie Rock* (1973) de Guy Arsenault et de *Mourir à Scoudouc* (1974) d'Herménégilde Chiasson.

années 1980 quand paraît *L'extrême frontière*[4]. D'où la préoccupation de Leblanc de superposer son parcours individuel, caractérisé par une production poétique soutenue, au parcours de la toute jeune littérature acadienne en mal de continuité.

Le recueil est divisé en suites de poèmes. L'activité poétique des années 1970 est condensée en une seule section, « Pour vivre icitte (1972-1980) », qui témoigne succinctement de la progression de l'écriture du poème à l'écriture du recueil. Le processus aboutissait en 1981 avec la parution du premier recueil de Leblanc. En parallèle, le poète écrivait des textes de chansons pour le groupe 1755, rassemblés dans « Chansons (1975-1981) », la deuxième suite. La part du lion de *L'extrême frontière* revient aux écrits des années 1980, mais leur unité est plus problématique, les poèmes étant répartis en cinq sections : « Nightscapes from a camera mind (1981-1988) », « Multipiste (1983-1988) », « En bleu dans le texte (1986-1987) », « Toujours des rêves tombent (1987) » et « L'expérience du Pacifique (1986-1987) ». Derrière le décentrement de l'écriture après une période d'affirmation littéraire et politique comme a connu l'Acadie dans les années 1970, on retrouve deux autres constantes de l'écriture de Leblanc : l'exploration de la géographie urbaine et l'exploration de l'écriture poétique. Ces lignes directrices de l'œuvre reviennent de poème en poème, de recueil en recueil, voire de ville en

[4] Si la production poétique de Guy Arsenault et de Raymond Guy LeBlanc est demeurée parcimonieuse, ce n'est pas le cas de celle d'Herménégilde Chiasson. Artiste multidisciplinaire, Chiasson s'est surtout consacré à ses autres pratiques artistiques, pour ne revenir à la poésie de façon régulière qu'à partir des années 1990 ; celle-ci occupe aujourd'hui une place importante dans son œuvre.

ville et d'un océan à l'autre, puisque *L'extrême frontière* se clôt sur une série écrite lors d'un séjour à Vancouver.

snapshot mnémonique (p. 98)

Bien que son titre suggère une méditation poétique sur l'espace, *L'extrême frontière* est aussi une œuvre du temps. Chaque poème est daté et constitue un instantané, un arrêt sur image visant à saisir et à fixer l'essence de l'instant immédiat ; l'enfilade de ces « snapshot[s] » dans le recueil, mais aussi l'enfilade des recueils dans l'œuvre, institue une mémoire vivante du présent. Les mêmes thèmes reviennent d'un poème à l'autre, d'une suite à l'autre, construisant un effet de continuité de l'écriture, mais aussi un effet d'insistance, signalant la valeur de ces sujets dans l'univers de l'écrivain : la ville de Moncton, l'écriture et la poésie, la langue, le corps… En ce sens, l'écriture de Leblanc est holographique, chaque poème se présentant comme un concentré, une miniature de sa conception de la vie – et de la poésie.

et le livre n'était qu'une carte de l'impérieuse errance du corps (p. 129)

Par pudeur peut-être, on a peu commenté l'importance du corps et du sexe dans l'écriture de Gérald Leblanc. Bien sûr, le grand Amour a, de tous les temps, été une inspiration et un sujet de la poésie, mais ici, l'amour est envisagé dans sa réalité la plus charnelle : « je suis / analphabète bandé entre tes jambes au rythme de / blues dans la nuitchaude » (p. 41). L'acte même de l'amour, instinctif et primaire, permet de concilier le moment immédiat, éphémère et fini, avec l'intemporalité et la transcendance d'une communion des êtres, au-delà des corps. Exactement comme la poésie de Leblanc, qui déploie une continuité à partir de poèmes centrés sur le moment présent. Dans son œuvre, l'amour est un acte créateur et sacré, au même titre que l'écriture: «quand tu m'offres ton ventre / pour que j'y goûte la couleur / je crois en Dieu / ton corps tout-puissant» (p. 33).

je t'écrirai un poème sauvage (p. 30)

L'écriture de la poésie, chez Leblanc, est indissociable de l'expérience de la vie. Tous les instants de l'existence quotidienne sont prétextes à poésie, ou encore sujets de la poésie. L'acte même d'écrire est un sujet privilégié de la poésie. Dans *L'extrême frontière*, qui expose les dessous du métier d'écrivain, la valeur réflexive de la poésie est à l'avant-plan. La poésie y est un acte *élocutoire*: on peut voir le poème s'écrire, comme on peut voir l'œuvre se construire: «depuis des mois maintenant j'écris» (p. 121). La poésie y est aussi et surtout un acte *illocutoire*, nombre de poèmes se présentant comme la promesse d'une écriture à venir: «je t'aime / à l'aube des images à naître / dans un poème» (p. 47), «le programme du poème» (p. 95), «notes pour un texte amoureux» (p. 101). Enfin, la poésie y est un acte *performatif*, c'est-à-dire qu'en écrivant être en train d'écrire, le poète réalise cette action. On touche ici au pouvoir de l'écriture, qui est de faire exister une réalité d'abord écrite. Pour Leblanc, ce pouvoir se mesure même, à l'échelle de Moncton ou de l'Acadie: «dans le contexte de certaines paroles / quelque chose démarre / s'étend sur la ville» (p. 139).

sur la réserve dont Moncton est l'extrême frontière,
nous avons appris à écrire (p. 75)

L'écriture est aussi action politique, qui a des répercussions sociales directes dans le contexte acadien des années 1970 et 1980. L'œuvre de continuité de Leblanc se fait de l'intimité de la chambre à coucher à l'espace public de la communauté à préserver, de la société à inventer. Tout au long de *L'extrême frontière*, dont les poèmes ont été écrits tantôt dans l'effervescence des années 1970 tantôt dans la désillusion des années 1980, la révolte est palpable. Sur un ton irrévérencieux, parfois même grossier, le poète convoque directement les luttes acadiennes marquantes des années 1960 et 1970, que ce soit à Kouchibouguac – dédiée «aux expropriés du parc national Kouchibouguac» (p. 67), la «Complainte du parc Kouchibouguac» popularisée par le groupe 1755 – ou à Moncton: «ça prendra plus qu'un hôtel de ville bilingue / pour assouvir notre soif» (p. 51). Marquée par un fort esprit communautariste, la révolte sociale prend des accents marxistes quand elle s'insurge contre l'exploitation sous toutes ses formes: «prisonniers économiques / de la pourriture capitaliste / on a pus rien à perdre» (p. 46). L'élite économique acadienne, sise Place l'Assomption, y est interpelée, mais surtout celle de l'université, dont le pouvoir s'exerce par une domination linguistique. Le poète y répond par sa plume, car toujours et partout, la communauté des artistes permet d'agir, tant au niveau politique que poétique. L'écriture devient ainsi un acte solidaire plus que solitaire:

je ne travaille pas seul. pour situer ma démarche dans un «front» culturel qui comprend d'autres travailleurs artistes d'icitte, je dédie ces poèmes aux camarades Raymond LeBlanc et Guy Arsenault, à Roger Vautour et à Yvon Gallant, à Herménégilde Chiasson et à Régis Brun. (p. 29)

Tourné vers le passé, dont il balise le parcours poétique de Gérald Leblanc, *L'extrême frontière* est aussi une projection vers l'avenir, annonçant les œuvres à écrire, véritable «cartographie de ce que j'étais / jusqu'à ce que je deviens» (p. 25). On retrouve notamment la même conscience exacerbée de l'acte d'écrire, mais de façon sublimée, dans *Complaintes du continent* (1993), un art poétique moins contextualisé que *L'extrême frontière*. Les poèmes n'y sont pas datés, sont rarement situés, s'inscrivant davantage dans l'abstraction de l'intemporel que dans l'instantané de l'ici-maintenant: l'ici de l'Acadie, le maintenant des années 1970 et 1980. On assiste aussi, dans *L'extrême frontière*, aux débuts de l'écriture de l'unique roman de Leblanc, *Moncton mantra* (1997): «j'ai fini le deuxième chapitre du roman / celui dont j'écris chaque chapitre dans une chambre d'hôtel» (p. 84). Suivant l'autobiographie poétique qu'est *L'extrême frontière*, l'autobiographie romanesque retrace elle aussi l'arrivée de Gérald Leblanc à la littérature – le roman se clôt sur la publication de son premier recueil –, en s'arrêtant davantage sur le contexte social de l'émergence de la littérature en Acadie, sur le brouhaha ambiant des événements politiques et des amitiés artistiques qui nourrissent l'écriture d'Alain Gautreau, alter ego de l'auteur.

Faisant le pont entre l'écriture et le social, *L'extrême frontière* abolit la distance entre vie et poésie; « l'extrême frontière » y étant toujours repoussée. Optimiste indéfectible, Gérald Leblanc nous apprend par son œuvre poétique que les mots ont ce pouvoir. La leçon tient toujours, maintenant peut-être plus que jamais.

Pénélope Cormier
juin 2015

Préface à la première édition
Pour saluer Gérald Leblanc

Moncton. Un lieu exact, une erreur monumentale sur la carte de notre destin, le nom de notre bourreau comme un graffiti sur la planète. Moncton. Un espace difficile à aimer (un espace difficile pour aimer), une ville qui nous déforme et où nous circulons dans les ramages du ghetto. Et pourtant, c'est de cet espace que jaillit notre conscience, vécue dans les méandres de la diaspora et articulée dans un faisceau rutilant de colère et d'ironie.

⁘

Les années soixante-dix. Nous ne pouvions que clamer notre révolte, notre détresse. Nous n'avions que notre corps, le désir, la musique, le sentiment diffus et parfois obscène de notre inaliénable besoin d'écrire, de marquer et de clamer notre présence cosmique, notre raison d'être, en espérant que ça s'amplifie jusqu'aux satellites et plus loin, plus tard, dans la galaxie pour s'imprégner dans notre rumeur génétique. C'était un projet grandiose et sans compromis.

⁘

L'écriture. C'est un projet qui vous réveille à quatre heures du matin pour vous dire que le party continue, que la musique ne s'est jamais arrêtée, qu'il est temps de graver des choses brûlantes comme le corps et qu'il faut refaire encore et toujours le même texte, parler de la même ville, de la même conscience ; car nous savons bien qu'on écrit toujours sur la même surface pour dire essentiellement les mêmes choses en espérant les dire une fois pour toutes. Pour ce faire, les poètes réinventent le langage que l'on croyait perdu, ils font résonner la langue, ils lui donnent de l'élan, de l'ampleur, du souffle, du style, de la profondeur, de la résonance, ils en réinventent la gravité, la consistance, ils en décrivent le mouvement et les contours. Bref, ils refont la carte du monde et nous font redécouvrir la joie d'avoir nommé les choses puis de les avoir oubliées dans leur état latent et tolérable.

Il fut un temps où nous n'avions pas de nom pour nous nommer et pas de visage pour nous parler. Par conséquent, ce n'est peut-être pas une surprise de constater que les poètes des années soixante-dix, à commencer par Raymond LeBlanc, ont parsemé leurs textes de noms de lieux et de personnes pour bien dire que ces textes étaient à propos d'un lieu bien précis et qu'ils faisaient appel à une situation qui était bien la nôtre.

⁘

Gérald Leblanc, ce poète essentiel et pour moi cet ami indéfectible. Le relire à quinze ans de distance, depuis quinze ans, me fait voir l'ampleur du projet qu'il s'était donné. Relier l'Acadie à l'Amérique et faire entrer la modernité dans notre écriture, elle qui avait été si brutalement prise en otage par le folklore et tous ceux qui auraient voulu que nous mourrions dans notre accent en parlant p'tit nègre, emmurés vivants dans les Villages Acadiens de la planète. C'est aussi et surtout, dans ces textes du début, l'affirmation de l'acadianité séculaire dans ce qu'elle a de plus essentiel, de plus vertical. C'est d'abord la découverte d'un souffle, car la poésie, avant d'être parole, est un langage branché sur le corps ; en fait, ce n'est peut-être, comme l'a si bien dit Sartre, qu'une conscience biologique aiguë du discours. Il faut un certain souffle pour chanter du grégorien, il en faut un autre pour chanter du rock ou du western. Dommage qu'on nous ait si longtemps fait croire que nous étions faits pour le premier. Il a d'abord fallu que nous trouvions ce souffle, le registre du cri, de la parole percutante qui déchire, qui étourdit, qui insulte, qui profère. Il aura ensuite fallu (il faudra encore...) pouvoir faire le lien entre ce souffle et le réel. Là non plus les choses ne sont pas reluisantes puisqu'on nous a toujours dit que nous devions valoriser le sacrifice de nos ancêtres et que notre avenir était surtout du côté de notre passé, car l'avenir, avec son cortège nébuleux, menait tout droit à l'enfer. Nous avons connu deux versions de cette idéologie. La première consistait à nous voir rester petits et inquiets à l'ombre de nos clochers fleuris, paranoïaques et méfiants jusque dans nos bottes. La seconde préconisait un élargissement de notre complexe à la mesure de l'Univers. Dans les deux cas, il fallait être Acadien à tout prix. Notre salut gisait dans notre petitesse, car l'essentiel, sans quoi il ne pouvait y avoir de messes diacre-sous-diacre ou de conventions nationales, c'était bien cette notion du paradis à la fin de nos jours. Il s'agissait donc pour nous de développer une autre stratégie, qui consistait à ne plus croire au salut, mais à croire que nous étions bel et bien sur la Terre « qui est parfois si jolie », comme disait Prévert. Nous avions oublié que l'enjeu de toute l'entreprise, c'était la liberté (une idée si démodée qu'elle porte à la plainte, et pourtant...), car si nous n'avions pas d'espace pour nous retrouver, nous aurions pu au moins nous inventer un temps propice à l'affirmation de notre identité. Cette liberté, elle prend naissance dans la valorisation de petites choses, de gestes, d'attitudes, de différences, d'un bien-être. L'art de vivre. Gérald Leblanc, poète de la quotidienneté, de l'amour et autres chimères qui font du bien et qui laissent le corps en pâmoison.

Je retrouve ces textes comme des balises et je revois les quinze dernières années comme un itinéraire jonché de déceptions et de chutes. Je revois les lieux où il a vécu et qui sont devenus comme des îlots littéraires pour moi et pour tant d'autres artistes et écrivains qu'il a fréquentés, aidés, aimés avec toute la générosité et l'attention maternelle d'une grande famille. Je revois les livres et les disques sur le plancher dans ses appartements de la rue Dufferin, de la rue Lutz, de la rue Weldon, une bibliothèque étrange disposée en colonnes, une sorte de rempart contre la bêtise et le découragement, car « un livre, c'est un ami qui ne vous trahit jamais ». Ce sont aussi ces longs extraits de Burroughs, de Ginsberg, de Barthes, de Sontag, de Shepherd, de Patti Smith, de Beausoleil, de Villemaire, de Delisle ou de Daoust, qu'il me lit comme autant de bonnes nouvelles, comme d'autres vous lisent leurs lettres. Les manuscrits des poètes que nous avons découverts ensemble. Les premiers textes de Dyane Léger, de Rose Després, de Louis Comeau, de Paul J. Bourque ou de Daniel Dugas, et d'autres qu'on connaîtra plus tard. Les artistes que nous apprécions. Roméo Savoie ou Réjean Toussaint. Yvon Gallant ou Paul Édouard Bourque. Les interminables conversations à parler des mêmes choses, à les revoir sous leurs angles inépuisables. Les endroits où nous sommes allés... Où nous avons vécu des moments de détresse ou d'exaltation. La chapelle de Taillon, la Super Francofête, La Rochelle, Beaubourg, la Bibliothèque nationale du Québec, Montréal... Poésie Ville Ouverte, Poésie Caméléon, la rencontre internationale Jack Kerouac... moments où la poésie devient parole, devient sonore, devient vibration dans l'océan de la conscience.

⁘

Gérald Leblanc, poète de l'oralité. Ce souffle et cette révolte quand la poésie monte sur l'estrade pour se dire intégralement, déjouant ainsi les bégaiements de la politique, les sermons de la morale et les rappels à l'ordre. Le besoin immédiat de ne pas faire d'effets littéraires mais d'aller au plus urgent, de dénoncer, de dire tout haut les choses que certains n'ont jamais osé penser tout bas, de mettre à l'épreuve le pouvoir, de le forcer à se commettre. Toutes ces fonctions, Gérald Leblanc les a d'abord assumées avec un plaisir sacrilège et un sarcasme parsemé de rires iconoclastes et de bravado.

> vivre icitte
> c'est tomber en bas du Cloud 9
> après une assemblée de la SANB (1974)

L'ironie de cette période, surtout des années soixante-dix, témoigne du mépris qu'il fallait enrayer, mais les temps ont changé et les textes des années quatre-vingt aussi. Désormais, c'est la dérive existentielle qui s'affirme, une dérive où la ville et la musique s'allient comme témoins de l'amour, du désir, d'une blessure. On retrouve dans cette dérive un malaise et surtout la présence oppressante des objets. La dénonciation d'une aliénation collective a fait place à une sorte de conscience blanche et zen. Le spectacle déprimant de la douleur du monde persiste toujours, mais il est vu de loin dans une tristesse infinie. Le sentiment qu'on ne peut changer le monde, mais plutôt en témoigner. Par le biais d'une conscience aiguë du quotidien, on retrouve dans ces textes des effets de réel. Même l'Acadie semble lointaine. Seule demeure une présence au monde, qui se traduit par des éclats, des «*flashes*», par un réel impressionniste. Un monde décontenancé qui n'arrive plus à se dérober. En somme, la poésie de Gérald Leblanc, dans son étendue, affirme le drame essentiel de la collectivité acadienne dans son espace. Pouvons-nous exister dans le temps seulement en continuant de nier notre espace? Il y a longtemps que l'Acadie n'est plus un pays autrement que dans l'imaginaire, et cet imaginaire s'alimente, depuis plus de cent ans, à toute une idéologie qui nous dit que si nous ne sommes pas acadien, nous ne sommes rien. C'est une réalité qui nous laisse une bien maigre marge de manœuvre. Seulement, le monde continue de s'ouvrir, de se déplier à perte de vue. Le problème de l'identité, ce vieux problème du dix-neuvième siècle, continue encore de nous retenir et de nous hanter. Après nous être nommés, il faudrait maintenant nous réduire pour entrer dans notre infinie petitesse. Il faudrait renoncer au fait que nous pouvons contribuer autre chose que notre vieille blessure qui n'en finit plus de s'ouvrir. Vivre comme si l'amour, la vie, l'injustice ne faisaient plus partie de nos préoccupations autrement que dans l'éternel conflit qui nous oppose à notre bourreau. Peut-être qu'en oubliant pour un instant notre rôle assumé de victimes nous pourrions vivre « à la mesure de notre imaginaire ». Nous n'avons jamais pensé que nous n'étions peut-être avant tout que des êtres humains accrochés à la même boule rocailleuse et que notre responsabilité première s'affirmait à cette hauteur-là. Seulement, en ayant recours à cette appellation et à cette identité, nous nous sentons pris d'un vertige qui nous fige sur place. La célèbre phrase de Ronald Després me revient soudain à l'esprit : « A quoi bon ? Où irions-nous ? Notre empire est incertain comme l'eau. » Incertain, mais aussi craintif d'affirmer comme sur l'eau notre royaume où il n'y a plus de frontières, et ainsi de balayer du revers de la main le vieux rêve d'Européen propriétaire et arpenteur de l'Univers. Notre conscience amérindienne n'a jamais été à l'aise dans cette chimère et nous savons que tôt ou tard il faudra en arriver à nous mettre en accord avec une notion plus étendue et plus équilibrée du territoire. Dans les textes de Gérald Leblanc, je reconnais cette conscience aiguë de l'errance amérindienne, une errance qui est peut-être notre seule dimension possible, mais l'Acadie nous appelle comme une mère qui pleure, et cet appel est déchirant à plus d'un point de vue. Pour nous, après avoir dénoncé le rôle du père, il restera toujours le rôle problématique de la mère, la conscience de la langue maltraitée, de la terre violée et volée, de la vie invivable. Cette vieille idéologie qui ne cesse de nous marquer et qui, même lorsque nous croyons nous en être libérés, finit par nous rattraper dans les moments les plus inattendus, dans les couloirs de la tristesse où la peine ne dit plus son nom.

> qu'est-ce que ça veut dire, venir de Moncton ? une langue bigarrée à la rythmique chiac, encore trop proche du feu. la brûlure linguistique. Moncton est une prière américaine, un long cri de coyote dans le désert de cette fin de siècle. Moncton est un mot avant d'être un lieu ou vice versa dans la nuit des choses inquiétantes. Moncton multipiste : on peut répondre fuck ouère off et ça change le rythme encore une fois. qu'est-ce que ça veut dire, venir de nulle part ?

Qu'est-ce que ça veut dire, venir de nulle part ? C'est peut-être la réponse au fait d'avoir trouvé son temps. Car en devenant conscients d'avoir rejoint la masse des êtres humains, nous sommes confrontés à une tout autre série de décisions. La plus importante est peut-être celle qui consiste à établir des relations harmonieuses, à se mettre en accord avec la dimension spirituelle de l'Univers. Dans cette optique, les Acadiens, comme les gitans, les juifs et les Noirs américains, participent à un monde spirituel, à une sorte d'extase existentielle qui consiste en une présence intense, et découpent dans le quotidien des moments d'une charge insoupçonnée tandis que les gens de pouvoir s'affairent à leur Bizzniss. En ce sens, notre erreur a peut-être été de croire que nous avions un rôle à jouer sur la scène politique alors que notre responsabilité tient dans l'affirmation existentielle de notre particularité individuelle. De la même façon, l'affirmation du quotidien dans sa banalité extrême ne peut que faire résonner notre revendication de participer à une plus grande échelle, c'est-à-dire de contribuer à la perception d'une civilisation dans laquelle nous pensions n'être que les consommateurs et non les producteurs. Or il se trouve que nous ne pouvons dissocier ces deux rôles. Il s'agit maintenant de croire à ce nouveau pouvoir. L'œuvre de Gérald Leblanc nous en donne ici la démarche, l'évolution et le témoignage, vivant comme écrit. Et pour ceux qui en douteraient, peut-être faudrait-il rappeler en terminant, mais comment terminer autrement que dans une autre dérive, que l'œuvre de Gérald Leblanc est une œuvre capitale dont l'ampleur n'a pas fini de nous solliciter. Et que, pour tout dire, oui, Gérald Leblanc est un très grand poète.

L'absence résonne sur tous les murs
et l'errance ouvre la porte
comme on ouvre les bras devant l'infini

Herménégilde Chiasson

Parcours du bleu

depuis la fascination des mots
à travers des proses diverses
soudain la poésie
de façon soutenue et sauvage
à partir de 1972
nourrie dans l'amitié et l'encouragement
de Raymond LeBlanc et de Guy Arsenault
de l'oralité à l'écriture
l'éducation de la rue
l'apprentissage de la tendresse
l'intime et le social
dans la mouvance des événements
la rencontre de Pierre Robichaud
et Roland Gauvin
qui m'amènent vers des textes de chansons
1755 revu et corrigé
aux rythmes de nos excès
dans la cadence du cœur
　　(alors je marche à toute allure dans ma
　　langue en monologue débordant de mes mots
　　crépitement éclat sursis des mots que
　　l'extérieur ignore alors je continue la
　　marche dans ma tête et dehors j'entends
　　des mots de ma langue maternelle et
　　paternelle issue d'un village qui est
　　un pays que je n'habite plus maintenant
　　c'est la ville la plus étrange qui soit
　　dans ma langue je médite longuement

pour faire un peu de silence dans ces
bruits de ma langue et de l'autre j'en
sors espace blanc où le monde grinche
et bascule dans la conscience planétaire
où beaucoup de membres atrophiés
crient alors je marche à toute
allure dans ma langue un autre
matin me disant Moncton ma ville
prétexte)
dans l'aventure des revues
les lectures publiques
l'expérience des performances
en allant vers des villes à retardement
(Boston
Montréal
Paris
New York
Bruxelles
Kinshasa
Vancouver)
le long des highways névralgiques
avec Herménégilde Chiasson le complice
de mes complaintes orphelines
devant une mer électrique
dans une réincarnation acadienne
dans les désordres du réel

l'univers est un langage criblé de trous noirs
qui me pousse assoiffé vers des livres convulsifs
        (Arsenault Ashbery Baraka
        Beausoleil Brossard Burroughs
        Chamberland Charron Chiasson
        Daigle Daoust Delisle Després
        Ferlinghetti Genet Ginsberg
        Hacker Harvey Kaufman Kerouac
        Léger Miron Roy Straram Thesen Villemaire
        Wittig)
à mon tour j'écrivais des livres
à l'écoute de musiques comme des mantras magiques
accompagnant ma solitude
devant des pages blanches
pour entrer dans la langue
avec les mots de mon appartenance
dans un long parcours ici retrouvé
cartographie de ce que j'étais
jusqu'à ce que je deviens

Moncton
septembre 1988

Pour vivre icitte
(1972-1980)

à Guy Arsenault

entre l'incertitude et le vertige, des nuits blanches et des nuits bleues, à l'écoute du mal de vivre et d'aimer, la plupart de ces textes furent écrits entre 1972 et 1974. manifestation de l'écriture poétique qui a déclenché les textes que je fais maintenant, ainsi que les écritures à venir. mouvement vers l'appropriation d'une expression qui s'articule également ailleurs (couleurs, gestes, sons), c'est-à-dire que je ne travaille pas seul. pour situer ma démarche dans un «front» culturel qui comprend d'autres travailleurs artistes d'icitte, je dédie ces poèmes aux camarades Raymond LeBlanc et Guy Arsenault, à Roger Vautour et à Yvon Gallant, à Herménégilde Chiasson et à Régis Brun.

la victoricitente
déferlementation
de
la
MOUVAGUE[5]

16 janvier 1976

---

[5] Raymond LeBlanc, *Cri de terre.*

je t'écrirai un poème sauvage
un poème tripes
avec le tam-tam en rut
entre les mots
un poème chiac

1972

1.
dans l'espace opaque
de mes rêves brûlés
le soleil rouillé
crève

2.
ici
le temps se vide
ma vie se décompose

les parois de ma chambre hurlent
je veux partir d'ici

seule mon ombre sort

3.
là-bas
les nuages
côtes chalutiers à la dérive
air de violon emporté
le vent crie
dans la grange vide
(la boueille
les dôrées
les trappes
s'effaçent)

mots-pourritures
paroles volées
bouches rances
ils meurent les yeux ouverts
effrayés

mon pays en lambeaux
mes frères cloisonnés
mon crachat a un goût de cendre

1972

quand tu m'offres ton ventre
pour que j'y goûte la couleur
je crois en Dieu
ton corps tout-puissant
créateur du ciel et de la terre

1972

j'ai revu mon passé
dans tes caresses
en plein après-midi
sur un lit défait
tu pendais à mes lèvres
contre le vent d'octobre
mon passé dans ta bouche
où je n'en finis plus de te retrouver

1973

1.
fin de saison de ces jours qui tombent
cette paille qui flambe dans tes yeux
ce corbeau solitaire guette le jardin

toi aussi tu as le goût d'ermitage aux lèvres
la ville s'ouvre aux cœurs fermés
entre ces rues où tu promènes ta vie
les feuilles remuent à peine

2.
l'automne se glisse sous les ongles
te frôle le cou en fin de journée
comment te dire le mouvement des nuages
ces vents de partout dans mon corps
ce léger déclic dans mes jambes
j'avance vers toi
                                        dans la plénitude du geste

3.
coquille
                  trappe sur le quai
                                                  boueille au large
galet serti dans le sable
j'envahis cette solitude du regard
solitude habitée

1973

objets automatiques

a.m.
pour le cœur retrouvé à l'habitude du geste
longue attente dans le remugle des nuits
pluvieux sommeils moments paniques
le rêve avorté des normes visages
plus loin les mains renaissent sous le soleil
bienveillant

p.m.
mouvement vers l'intérieur éclatement des
mots vrombissement des rêves blottis dans
les draps violets de la nuit qui chante le
soleil en-allé murmure des murs mobiles
        les mains retiennent le cri du miroir
invisible

1973

une chandelle pour Guy

prendre son temps
        fumer un joint
                écouter les Doors
solitude chaude au creux de l'hiver
                prends ton temps
        fume un joint
écoute les Doors
                when the music's over
                je serai là

1974

poème pour ma fête

ma colère dépassera-t-elle la solitude
en ces matins frais d'un jour à vivre
les trottoirs invitent l'âme à errer
mais comment casser les fenêtres
avec mes poings qui sanglotent
et la faim qui monte entre mes jambes

la nuit ne recèle aucun secret
bienveillante nuit
où dansent sept soleils à l'écart
où chavirent les mots débridés
où s'éveille la lucidité des rêves

complainte d'un homme seul
en sourdine de fin du monde

1974

vivre icitte

vivre icitte
c'est tomber en bas du Cloud 9
après une assemblée de la SANB

quand y a pus rien à manger dans la cabane
je me crosse au bureau de Welfare
                    à la Plotte l'Assomption

au matin je te french le cul
et tu coules sur la ville

tu me froliques les reins avec des éloizes
je me perds dans tes poils
tu me fais bander en couleurs
je te bois comme la Moosehead

la Main de Moncton rote le chiac
et nous parlons sauvage
dans un pays de coups de poing

1974

autant que dure la mémoire
ton sourire imprégnant l'amour
serai-je l'amant de ton ventre
de l'harmonie délicate de ton sexe
à la fragilité mouvante de tes reins

ô complainte de ton corps
comme écho de mer à mes oreilles
tu es mon écrin de rêves
en d'innombrables acadies

1974

rythme de blues dans la nuitchaude de toi ton
ventre offert communion charnelle de ton sexe
hurlant qui me renverse et me pénètre de fureur
au rythme du blues dans la nuitchaude où je te
perds / prends sans fin entre tes jambes je suis
analphabète bandé entre tes jambes au rythme de
blues dans la nuitchaude

1974

genèse

lourdeur d'un passé marécageux
cette porte béante sur la peur
comment te dire le cri coffré du cœur
cette plaie tangible dans les yeux
je saignais d'une vie déracinée
de cette violence étranglée dans le geste
délire étourdissant devant la mort

la chambre ne savait plus te contenir
trop longtemps ces murs imagés ont garrotté ta révolte
pourtant le trottoir   les maisons alignées
ce soupir de lassitude en fin d'après-midi
tu retrouves ces murs imagés
demeure de l'insomnie coutumière
la mort s'infiltrait lentement dans le café
la cigarette   le regard absent sur les enfants dans la rue

alors ce goût de partir devint si pressant

1974

je me suis perdu dans mon village
entre le Take Out et le Drive In
mais j'ai trouvé un bootlegger
pour parler avec du monde

Dixie Lee s'installe sur le boulevard Irving
et les touristes occupent le Fond de la Baie
un speedboat enterre le cri des goélands
près de la dune
qui ne nous appartient plus

avec la musique de CKCW
la police a chassé la Mi-Carême
et je me suis perdu dans un poème
sans métaphore

1974

je s'épare
dans les craques des
trottoirs de Moncton ou sous un
                                        pilot de feuilles
l'école applaudit ceux qui
nous fourrent
                              la paranoïa
trotte dans les rues
quelque part dans la ville un
ouvrier écrasé
de fatigue rentre sur le shift de minuit
parce que rien
n'arrive
                    l'exploitation
se porte bien chez nous
à l'université on soigne le français
comme à l'hôpital goddam de
bons à rien
des poèmes
pour virer fou aiguiser la nuit
oublier les mots d'ordre
les tripes en feu

1974

color sweats

je t'aime
rush de mots sans bon sens
arc-en-ciel de musique
me jazzent
je t'aime
toune de violon
complainte
cantique de Louisiane
me bluesent
je t'aime en *tubular bells*
la couleur exsude

1975

enough will do

prisonniers économiques
de la pourriture capitaliste
on a pus rien à perdre
y a pus rien qui peut nous arrêter
pas même les prières
pas même les polices
la vie s'étouffe dans la craie
des jeunes bandent sous leur pupitre
un prof vomit l'incohérence académique
les polyvalentes paralysent la création
des élèves élaborent une occupation-orgie

entre deux poèmes dans le rock dur de Lou Reed
nous explorons nos corps jusqu'à l'étourdissement
nous communions à la mescaline

y a pus rien qui peut nous arrêter
on adhère pus aux walls
ni à la politicaillerie plate

y a pus rien qui peut nous arrêter
parce qu'on a soif
la journée nous pèse sur les yeux
l'oppression nous éreinte
l'appétit nous pogne par la fourche
et nous sommes entêtés
pour vivre icitte

1975

acadielove

je t'aime
et Bouctouche se réveille en moi
avec les mots de mon père
(mon pays est une chaîne de villages
ou une gigue soûle ou une ligne à hardes)
je t'aime
à l'aube des images à naître
dans un poème
chez le bootlegger
au rythme d'un violon fou
en chemin pour Tracadie
dans un champ de trèfle
dans les rues sales de Moncton
tu es là
et mes racines chantent

1974

acadielove (extrait)

ta chair
ta chair chaude
et tes cheveux
et tes mains
et tes jambes
et ton ventre
                        jazzent la nuit
ta parlure d'acadie
                                rock mes saisons
en chiac
en cayen
en brayon
                comme violon

tu es beau comme le Restigouche
dans un pays de pommes de pré

1975

pour t'aimer

un pont couvert
beau comme Notre-Dame
une trappe à homard
la senteur du tar sur le quai
je passe par là entre tes mains
aussi vrai que tes yeux parlent
d'un monde nouveau dans ton corps
on se ressemble par la soif
ton rire parfois
descend jusqu'aux tripes
et mes poèmes se dessinent

1975

le mois de juillet

j'avance dans le mois de juillet
ton corps brûle
ressemble à l'été
m'ensoleille
bleu jusqu'à la bouche
m'ensorcelle
orange jusqu'aux mains
frolique ma tête et mon corps
m'annonce le temps de toi

1975

manifeste

je tricole en des tavernes tapageuses
où j'entends toujours la voix de mon pays
voix de bouteilles cassées contre les walls
voix rauques d'une journée à la shop

les affiches flambent le long des routes
Monsieur C* s'engraisse à la Bonaccord Finance
l'Université pourrit comme un Kent Home
l'Évangéline sent le Pizza Delight

ça prendra plus qu'un hôtel de ville bilingue
pour assouvir notre soif

la mer suinte une complainte
alors que des Québécois stériles font caca
sur les ondes de Radio-Canada

les Acadiens froliquent
et Madame Welfare se torche avec un Union Jack

le temps est venu pour nous
de crier nos poèmes à tue-tête
puisque la côte chez nous
a couleur de sang

1974

jazz break

à Bob Kaufman

Charlie Parker comme courant
je regarde la vie en pleine fourche
avec l'intelligence des reins

OUT OF NOWHERE

j'écris
dans le désir d'être aimé
sous les étoiles commanditées par General Electric

1975

Chu pas content

chu pas content de la manière qu'y handlont le langage (à l'Université de Moncton, par exemple), ça fait que j'écris. j'écris en acadien, *par exprès*, contrairement à ce qu'en pensent les profs, ce n'est pas un caprice mais une lutte. j'aime mieux voir *Acadie Rock* dans les mains des enfants que *l'Évangéline* la salope. y essayont de nous avoir par la langue avant de nous avoir par la poche. mon écriture se nourrit de rock'n'roll (les Rolling Stones, Jimi Hendrix, Lou Reed, Jim Morrison, les Beatles), de Moosehead, de french kiss, d'assurance-chômage, de welfare, de blues (John Lee Hooker, Ulysse Landry le magistral troubadour d'icitte, Memphis Slim, Albert King, Lightnin' Hopkins, Bessie Smith), à l'anti-œdipe, à Karl Marx, à l'acide, au fricot, à Tracadie, aux frolics, à Leroi Jones Imamu Amiri Baraka. l'écriture se frotte sur le ventre *d'electric ladyland*, s'épare sur une toune de violon (lignes à hardes, palourdes, bouillée de coques, mon chien Max, pont couvert, la Main Street de Moncton, Kouchibouguac). écrire. poser des questions, donner de l'information, virer le langage à l'envers pour voir comment c'est huilé, les mots, les phrases. écrire. créer un écrire qui dérange, qui incite d'autres écritures, des photos, des joints, de la mescaline, de l'assurance-chômage, de l'insubordination à grammaire et aux boss. faire lire. faire écrire. faire vivre. changements / mutations. acte d'amour et de guérilla. mon poème bande dans tes yeux.

1975

Chansons
(1975-1981)

à Pierre Robichaud
et Roland Gauvin

le groupe 1755

à coups d'archets de violon
à coups de riffs de guitare
à coups d'accords de banjo
à coups de rythmes de basse
à coups de coups de batterie
avec des voix qui s'élèvent

une chanson d'amour une bonne fois
le blues de la paillasse vide
une complainte du monde mal pris
la gigue d'une race en frolic
une toune du diable dans le corps
le rock pour rouler n'importe quand
une boogie pour nous faire escouer
le country'n'western de beaucoup de brosses
la chanson d'une bonne fois pour asteur

1978

Le monde a bien changé

J'en ai connu plusieurs
Des fois j'changeais souvent
C'était avant qu't'arrives
C'était avant ton temps
Asteur c'est pus pareil
J'vois pus ça comme avant

Le monde a bien changé
Je t'aime à tous les jours
J'apprends à vivre mieux
J'apprends à vivre heureux
Le monde a bien changé

Y aurait pas d'ouragan
Qui pourrait m'arracher
De la chaleur de tes lèvres
La douceur de ta bouche
La tendresse de tes bras
Ton corps est ma chanson

1977

Je chante pour toi

Je chante pour toi
Je chante encore
Tout c'qu'il y a entre nous deux
Tout c'qu'il y a
Entre nos corps
Ce goût d'aimer si merveilleux

Tu m'fais soleil
Tu m'fais beau temps
Quand sur la ville le jour s'éteint
Je te retrouve
Je te reprends
À chaque fois comme un refrain

1976

Rue Dufferin

Dans la ville
Y a beaucoup de monde
Dans la ville
J'aime me promener
À Moncton
Rue Dufferin
Y a beaucoup d'arbres
Même si les rues sont sales
Dans la ville
Y a beaucoup de monde
À Moncton
Rue Dufferin

Les vieilles Anglaises
L'autre bord de la rue
N'aiment pas mon chien
Ben ça fait rien
Il les aime pas lui non plus

Dans la ville
Y a beaucoup de monde
Toutes sortes de faces
À toutes sortes de places
A Moncton
Rue Dufferin

Y a beaucoup d'arbres
Même si les rues sont sales
Chu pas loin du campus
Pis chu pas loin de chez Duane
Dans la ville
Y a beaucoup de monde
Pis des fois
J'm'ennuie de toi

1975

Le monde qu'on connaît

Des fripeux de bouteilles
Des tchaisseux de taoueilles
Des avocats de toilettes
Des sauteux de bouchures
Des buveux de home-brew
Et des danseux de quadrilles
C'est ça le monde qu'on connaît

Des coureuses de chemin
Des femmes de bootlegger
Des conteuses de patchets
Des filles pas achalées
Des buveuses de home-brew
Et des danseuses de quadrilles
C'est ça le monde qu'on connaît

Du monde qu'aime prendre un coup
Du monde qui sait fêter
Du monde pas ben bâdré
Du monde qui sont pas fous
C'est ça le monde qu'on connaît

1975

Vie de fou

Chu endetté
Chu en maudit
Le père y chiale
La mère bootlegue
Dans l'est d'la ville
Les sœurs sont tough
Les frères sont rough
Des cracheux
Des pèteux
Sus l'welfare
Sus la brosse
Ma tante sus la phone
Chu stone
La tivi waque
Personne l'écoute
Y a le cousin
Qui veut tout défaire
S'a fait avoir
Vieux garçon
Qui pète
D'la bière frette
La cousine
En famille
A déjà un p'tit

Mal élevé
J'pourrais l'tuer
Y vit sus les voisins
Sus les hamburgers
Pis les fish'n'chips
La vie de ville
La vie de fou
On décolle pour la taverne
On décolle
Pis on reste pris

1976

Boire ma bouteille

Tu m'as laissé tout seul
Ça fait pas mal longtemps
J'm'ennuie à mourir
Pis j'crie « Reviens-t'en ! »
Toutes les nuits
Tous les jours
J'sais vraiment pus quoi faire
Rien qu'de boire ma bouteille
Faire mes prières

Pourquoi tu m'as quitté
Tu m'as fait du chagrin
Pourquoi partir sans moi
Pour courir dans les chemins

Chu seul à la maison
J'arrête pus de brailler
Reviens-t'en dans mes bras
Reviens-t'en bien-aimée

1976

J'ai passé toute la nuit deboute

J'ai passé toute la nuit deboute
J'ai pas pu m'endormir (*bis*)
Mon bébé m'a laissé là
J'sais vraiment pus quoi faire de moi

J'ai fait l'tour d'la cuisine
J'ai pas pu rester assis (*bis*)
J'parlais tout seul
J'parlais tout haut
J'avais le cœur ben gros

J'entendais les cars passer
Y passiont sans s'arrêter
J'avais l'goût de m'en aller
J'voulais rien qu'décoller

Je reste icitte tout fin seul
Tout seul à t'espérer (*bis*)
J'pense pas pouvoir m'endormir
Avant qu'tu seyes à mes côtés

1978

Complainte du parc Kouchibouguac

aux expropriés du
parc national Kouchibouguac

Écoutez tous petits et grands
L'histoire d'un grand malheur
C'est l'histoire de pauvres gens
Expropriés de leurs terres

Ç'a commencé en soixante-huit
Sur les côtes du comté de Kent
On a commencé par disperser
Femmes hommes et enfants

On s'a fait dire par des Maudits
Qu'on était obligés d's'en aller
J'ai perdu ma terre pis mon jardin
Y m'avont tout ôté

Tous nos amis s'en avont été
Y faisiont vraiment pitié
Y saviont pus trop quoi faire
Y en a qu'en avont mouri

Y en a qui veniont icitte
Y nous disiont : « Restez ! Restez !
Vous allez mourir si vous sortez
Nous autres on est morts d'ennui. »

Y en avait d'autres qui nous disiont
« On voudrait se revoir icitte
Avec la vieille lampe pis le poêle plein de bois
On aime mieux ça que où c'qu'on est. »

On va à une place, y fait pas beau
On peut pas trouver une place qui nous soute
Y avont pris tout le pays
On sait pus où aller

C'est une terrible affaire tout ça
De voir tant de misère
On se demande souvent pourquoi
Qu'on a été mis sur la terre

Je prie le bon Dieu à tous les jours
Pourquoi Il nous fait tant souffrir
Je prie qu'un jour on sera vengés
Que tout notre monde pourra retourner

1978

Où c'que t'es rendue

À chaque matin
Avant que je sorte du lit
J'me réveille en rêvant
J'me réveille étourdi
J'me vire de bord
Pis j'vois que t'es partie
Sans savoir où c'que t'es rendue

J'check la mail
J'aimerais y r'trouver une lettre
Si j'avais rien qu'un mot de toi
Ça me r'mettrais dans l'assiette
Y a rien qu'des bills
J'peux même pas les payer
Pis j'me demande ben où c'que t'es rendue

J'me demande où c'que t'es rendue
Bouctouche ou ben Shippagan
J'me demande où c'que t'es rendue
Depuis qu't'as sacré l'camp

Si jamais tu reviens par icitte
Viens faire un tour à la taverne
Chu là toute la journée
J'trouve ça dur
Mais j'dois continuer
Sans savoir où c'que t'es rendue

J'monte à Moncton

à Donald Boudreau

J'ai jumpé dans ma van
Pis j'ai dit o.k.
La gas à la place
Pis j'ai décollé
Ç'allait pas mal
Avant qu'j'me fasse arrêter
Par un effronté
D'la police montée

Y m'a donné l'djable
Pis un billet
Un gros vingt-cinq piastres
C'est ça qu'y voulait
J'ai dit D'la marde
C'est pas une jet
Que j'drivais
Rien qu'une Volkswagen
J'monte à Moncton

Ça fait longtemps
Que chu tout seul à m'ennuyer
J'ai fait d'la peine
À ma blonde
A veut pus m'parler

Quand y m'a dit : Vas-y
Là j'étais content
La radio au boute
Pis les cheveux dans l'vent
J'approche de là
J'y serai avant trop longtemps
Salut bébé
Chu arrivé
Si tu m'pardonnes
Prends-moi dans tes bras
Y a pas de place au monde
Ailleurs que là
Plus belle pour moi

Rêve d'automne

J'joue aux cartes pis j'perds tout l'temps
Chu bad lucké ç'a pas d'bon sens
Sus mes jours off y mouille souvent
Je r'garde dehors pis j'reste en d'dans

Et la ville est un lit partout d'automne
J'entends le rythme de la pluie
Sur une ville qui ne touche pas la mer
Et je marche en rêvant sur les feuilles mouillées

J'prends mon café j'ouvre la tv
On m'dit qu'un jour ce sera mon tour
Chu prêt à y croire
J'voudrais ben l'voir
En attendant j'vis en rêvant

Nightscapes from a Camera Mind (1981-1988)

à Claude Beausoleil

géographie de la nuit rouge

sur la réserve dont Moncton est l'extrême frontière,
nous avons appris à écrire. la nationalité des chambres
à part. Descartes pleure de peur parce que le calendrier
grouille. nous n'avons pas connu le même froid.
réchauffés au feu fraternel des Micmacs de notre nuit.

récidivistes de l'histoire. on se dérobe jusqu'à
l'inévitable. nous écrivons le corps, l'impossible
nous sollicite. nos textes sont des graffitis sur la bêtise.
nous conjurons l'extase et la goddam de paix.

la nuit, les crises ne nous effrayent plus dans notre
chaleur, notre tendresse, nos armes d'amants. et la
nuit toujours la nuit que j'aime rouge. sur ce continent,
à même la terre amérindienne, souterrain sensible de
notre mémoire ignée.

1981

chronomètre bleu

----------d'écrire
en courant avec le goût
de tes lèvres sur mon corps
comme l'air de (putting out
fire with gasoline) courir
encore dans un texte à la couleur
de tes yeux miroitant
la course----------

1983

graffiti bleu

de couche en couche jusqu'à l'essentiel
jusqu'à l'épuisement du bleu
une vague monte et refoule
abriée d'images
Moncton hypnagogique
où tout est tellement sexualisé

je donne des récitals de poésie
dans tous les Tim Horton's d'Amérique
for my rock'n'roll baby
my blue-eyed baby
my maybe baby

la bière n'a plus le même goût
les joints ne me font plus triper comme avant
et toutes les fenêtres de la rue Archibald crient son nom

certains trouvent le romantisme criminel
Guy Arsenault chante *We Shall Overcome*
à l'externe de l'hôpital Georges-Dumont

les illusions se dégonflent
à la vitesse de la lumière
dans le débris des années 70
on essaye de nous faire paniquer sur 1984
même si ce n'est rien d'autre que 1948 en permutation
comme le quotidien qui retentit
entre mes deux oreilles

1983

speaking in tongues

lecture de livres sur l'utopie
ce coin du cerveau
qui s'ouvre de façon intermittente
synchronicity: spiritus mundi
l'arc-en-ciel de gravité
le chronomètre bleu
l'idée de l'Afrique
l'idée de l'été 1983
synchronisme
en vélocipède vert
pour livrer le libellé de mes demandes

ne consulte aucun géographe
pour savoir où aller
nous sommes déjà sur vidéocassette
avec les Talking Heads
and we're speaking in tongues

1983

fast food and quick snacks

nous sommes tous au cinéma
nous sommes tous figurants
dans un carnaval en celluloïd
nous rêvons d'élire Bugs Bunny
à la présidence du pays

sur les sentiers du rock'n'roll
– car pour moi l'énergie première est rock –
jamais je n'aurais volé aussi haut
n'eût été la voix aérienne de Grace Slick
à bord du Jefferson Airplane

si je ferme les yeux
pour écouter Aretha Franklin chanter *Dr. Feelgood*
c'est l'énergie tellurique de l'âme que j'entends
dans les ramifications rythmiques de l'être
tout ceci devient tellement clair et lisible
en ouvrant les pages d'*Acadie Rock* de Guy Arsenault
là où j'ai senti la senteur de l'asphalte mouillé
en fuyant les high schools de la peur
je suis devenu électrique dans la langue
organique dans les mots
car il s'agit ici d'un long jeu acadien
dans les ramifications poétiques de l'être

les taxis sont là pour nous dériver
rêve de taxi bleu pour routes magiques
je veux encore parler d'errances
de voyages
me revient l'image de l'automobile
on the road
sur la route
et je suis comme Jack Kerouac
qui n'a jamais appris à chauffer une voiture
mais cette image l'a fait voyager toute sa vie

je vois devant moi
un parebrise mouillé
qui me propose une autre lecture du réel
les essuie-glace sont un métronome
pour une nouvelle chanson de la route
I'm going down to Louisiana
to the *House of the Rising Sun*
l'archétype de tous les bootleggers du continent
j'y suis convoqué depuis des années
par la voix de Nina Simone
mais en ce moment
je compose la cartographie du voyage
sur des carnets d'allumettes

sur du mashkoui
sur des napkins
hiéroglyphes éparpillés dans les bars
sur les trottoirs
dans les fossés
autant de cris griffonnés
America drinks up and goes home
chante Frank Zappa

mais il reste ceux qui rêvent
ceux qui imaginent
âmes sœurs de Thomas Pynchon
l'écrivain invisible
de J.D. Salinger
l'écrivain emmuré
Leonard Cohen
for some Jewish sadness
Bob Dylan
for a *Sad-Eyed Lady of the Lowlands*
écrit à l'hôtel Chelsea
de New York New York
que chante Nina Hagen
avec un accent allemand
tentant de faire éclater la conspiration Nova
décryptée par William Burroughs
lors de ses festins nus

à cinq heures du matin
dans un restaurant de Tom Waits
l'Amérique sent les œufs et le bacon
j'attends Lawrence Ferlinghetti
à Los Angeles où les anges parlent espagnol
je veux lui dire
que je crois encore
en la renaissance de l'émerveillement
et que je suis toujours en stand-by

1984

le refuge de la route

la ligne blanche au milieu de la route m'hypnotise
je roule dans un état de transse
sur les rythmes de Joni Mitchell : *Hejira*
tout ce qui me tient éveillé depuis trois jours
c'est de répéter inlassablement ton nom
j'ai fini le deuxième chapitre du roman
celui dont j'écris chaque chapitre dans une chambre d'hôtel
la ville que je viens de quitter est une mémoire jaune
depuis deux jours j'ai laissé la côte est
en direction de l'ouest
rendu à Phoenix Arizona
je m'arrête au Desert Rose Motel
on me remet la clé de la chambre quatorze
une chambre bleue
comme la chanson de Joni Mitchell
je m'étends sur le lit
la ligne blanche de la route
défile toujours dans ma tête
je ferme les yeux
me laisse aller sur cette ligne
tout en répétant inlassablement ton nom

we are limited by our imagination
c'est ta voix qui me revient
je t'aime pour avoir dit cela
que nous imaginons mal ou pas assez
la ligne blanche de la route devient très lumineuse
je sombre enfin dans le sommeil
je me sens dormir dans cette chambre à Phoenix
j'aperçois un corps qui dort dans ma chambre
mon dos touche le plafond
et je me rends compte que c'est moi qui me regarde dormir
je me sens traverser le plafond
je monte
je monte
j'envisage la côte est du continent
je vois Patti Smith courir dans les rues de New York
les veines remplies de la peinture de Jackson Pollock
Yolande Villemaire en face d'un poste d'essence d'Edward Hopper la nuit
Dyane Léger dans la chambre d'Émile Nelligan
Denise Desautels répétant des mantras de Laurie Anderson
France Daigle cherchant des accords de guitare à Richibouctou Blues
Jean-Paul Daoust en taxi pour Babylone
Raymond LeBlanc traçant la cartographie du mois de juillet 1982

Claude Beausoleil en verres fumés dans une sérigraphie
d'Andy Warhol
Herménégilde Chiasson traversant Scoudouc à une
vitesse folle
Michael Delisle dans une snapshot d'Emmett Gowan
Rose Després chassant les porteurs de heavy metal sur
nos new waves
Louise Desjardins prenant l'arc-en-ciel en otage

je continue de monter
je me retrouve soudainement dans la quatorzième
chambre
le deuxième couloir
d'après *The American Book of the Dead*
j'invoque l'ange Asbugah
qui m'apparaît en des radiations orange
il m'aide à traverser cette chambre
je peux ensuite recommencer la descente sur terre
et je reviens dans mon corps
avec l'expérience de la chambre quatorze

je réintègre mon corps
night moves through me
je me réveille avec ton nom sur mes lèvres
et je sens l'appel sauvage
de la ligne blanche de la route

1984

un accord résonne dans nos vies

1.
le mouvement de la saison nous emporte
vers d'autres mouvements

2.
la main dans ma main s'aventure vers tes hanches
qui dansent le Motown de nos mémoires (bleues) avec la
nuit le rouge feu le fou de toi fouille ta bouche
sur la mienne dans la splendeur d'âme sonore de
Marvin Gaye

3.
une écriture qui joue entre le noir et le bleu
when sounds go weird in the night
but it's all right
you know the sounds of the night

4.
je flotte sur le parc Victoria sur ton corps
sur le rythme insistant d'une voix, comme un écho – ce
sont
des voix de bars, des voix de chambres à coucher, des
voix d'amour, des voix qui se mêlent à des airs, des
airs aériens, va-et-vient – spirale dans mon corps

5.
l'éducation de l'oreille
l'effet
voir
ralentir le processus
accélérer le processus
travailler sur la perception

6.
je retrouve des poèmes
dans ma bibliothèque
moments-conscience
la pratique de l'illumination

7.
un accord résonne dans nos vies
à un autre niveau
nous cherchons encore les mots
nous sommes dans la sensation pure de l'être
dans la magie du monde

1984

nightscapes from a camera mind

même que c'est beaucoup la tendresse
la musique que l'on joue va dans ce sens-là
quand tout dire est non verbal
le froid qui fait qu'on reste à l'appartement

> ce rêve qui me revient par intermittence. cette ville que je décide d'habiter à la dernière minute. ces accents qui me séduisent. qui me font goûter viscéralement le goût de vivre dans cette ville qui me fait pleurer d'amour pour toi.

j'imagine le bleu de la mer
j'imagine
la dernière fois que j'ai vu la mer
elle était verte
vert-bleu oscillant sur Moncton mantra
à travers la fatigue et la frénésie

prolégomènes pour un vendredi soir
le téléphone comme instrument de torture
en provenance d'une ville fictive
je commençais à comprendre à coups de haïku
prévision de la météo émotionnelle
nous sommes si près de la pleine lune
maya d'un vendredi soir

je lis cette ville
j'y trouve des chapitres partout
je me promène dans un passage *en italique*
en plein parc Victoria
en suivant les rites et les résultats

encore des musiques
panacée sensorielle
dans la turbulence du moment
mon walkman promène un certain bleu
me fait changer de rythme
comme changer d'idée
comme une ville qu'on décide d'habiter
à la dernière minute

lundi matin dans les mots
le désordre de la veille
l'histoire d'un homme
et son bar de prédilection
sa relation avec la radio
son rapport à la nuit
ses chansons de fin du monde
variations bleues sur un air connu

insomnie : sensory overload
ça tourne et ça tourne
dans la tête sans arrêt
ça spirale ça circule
dans les veines
ça spine : sensory overload
à la veille d'éclater
dans la lumière bleutée de l'appartement
quartz bleu dans la nuit blanche

mémoire où ça bouge
ce qui revient
ce qui ne nous quitte jamais
être disponible à ce qui nous revient
les rêves et l'imaginaire
allons-nous comprendre ce qui revient

le mois de juillet comme leitmotiv
pensons soleil et mer et
sable et dérives
l'odeur
l'odeur du sel
le vent salé enveloppe nos ébats
juillet comme moteur de mémoire

la fascination des mots
des sons surtout
de l'intonation
souffle dans le texte
quartz bleu dans la nuit blanche

il était une fois
il était une ville
comme une ville qu'on décide d'habiter
à la dernière minute

> quand le corps se souvient de ses gémissements.
> quand le corps et la tête ne s'entendent plus.
> quand
> la bouche tente d'articuler les acrobaties du désir.
> ce serait cliché de dire : c'est la pleine lune. this
> is the time. and this is a record of the time.

riff raga rock rythme reggae
rouge dans mes veines
le ressac de l'émotion
en écoutant ces musiques
jusqu'à l'aube de cristal
dans le flash incessant des images
sur le fond bleu de ma mémoire
dans la chambre noire du temps

1985

lire le noir

(sur des œuvres de Roger H. Vautour)

je voyais clairement
dans le noir de la nuit
où travailler (agir, produire)
pour que tout devienne lisible
dans les formes
agissantes
à mes yeux
nyctalopes

dans le noir
ce qui bouge
dans la technique du sensible
signes sobres
intervention dans l'espace
d'une saison antérieure
apprivoisement d'un premier lieu
balises de la mémoire dans l'infini

la construction des tentes
like floating atlantean roofs
l'architecture consciente
de couche en couche
les strates élucident le secret noir
ces nuances dans l'aspérité des trames
cette mémoire à l'œuvre
dans la texture

gestes répétés dans le noir rutilant
palimpsestes
le relief des traces
dans le courant
où s'annoncent des fictions
dans les pliages
dans les collages
d'autres lignes s'insinuent
dans le projet

l'intention des formes
scalènes
isocèles
équilatérales
rectangles
dans la rugosité du vouloir blanc

le gris
le bleu
le violet
ou encore cette couleur dorée
qui flotte volatile
dans la stratégie

les propositions s'intensifient
alors que le noir saisit

1985

le programme du poème

a.m. scénario d'une insomnie
un voyage dans la nuit des choses
pour que se précise le projet
les cartes suggèrent des directions
ouvrent des aires de jeu
dans la rue bleue du souvenir
j'entends les polyrythmies de mes déplacements
mon intention d'écrire trois cent quatorze chansons
d'amour

p.m. le soleil éclate
dans le silence de l'appartement
dans le silence de la solitude
brutale comme un dimanche
dans les secousses inquiétantes de la pensée
je ressasse les excédents de rêves

fm le quotidien tourne
comme un long jeu des années 70
ces sons éveillent une mémoire
dans la circulation des intuitions
qui raniment le programme du poème.

1985

les grands sujets

1.
la perte de la mémoire me suggère Paul
growing old ajoute-t-il
la mort conclut-il
ce sont des grands sujets. j'avais pensé écrire sur le premier disque des Talking Heads (77). je n'y avais vraiment pas pensé c'était tout simplement le dernier disque que je venais d'écouter.

depuis une dizaine de jours je garde un journal où j'écris les choses les plus quotidiennes : dans quel restaurant je mange, le nombre de cigarettes que je fume, le livre que je suis en train de lire, les phrases que j'écris pour dire que je ne sais pas quoi écrire. permutation sur rien dire. degré zéro de quelque chose.

2.
degré zéro de l'hiver par exemple
comme un espace intolérable
la saison morte des clichés
une histoire de fenêtres
qui donnent sur la neige sale
comme un purgatoire froid
l'hiver n'est pas un sujet de poésie

3.
verre
soirée

table
plume
vide
voir
rien
cassette
musique

4.
j'imagine jaune. pour le soleil peut-être. on dit l'intelligence. on dit l'illumination. on dit n'importe quoi. alors j'imagine jaune. pendant des heures. devant la porte. devant la fenêtre. devant l'espace vide.
jaune.

5.
je consulte le dictionnaire des symboles: «Mais cette couleur des épis mûrs de l'été annonce déjà celle de l'automne, où la terre se dénude, perdant son manteau de verdure. Elle est alors annonciatrice de déclin, de la vieillesse, des approches de la mort.» je retrouve enfin mes thèmes.

Paul regarde la télévision.

1986

avril 1986 : snapshot mnémonique

dans l'anarchie des horloges
ethniques. un synchronisme traverse
notre quotidien. « arrête de signifier. »
je te retrouve derrière mes yeux depuis
que je passe du temps dans ta bouche.
« la planète saigne de la folie des
hommes. » liquid days : nous glissons
sur des chansons d'amour, des musiques de
Philip Glass. nos projets se ramifient
dans tous les sens. « penser à la paix
au moins une fois par jour. » nous
réapprenons la respiration. inhaler
exhaler : la conscience du souffle.
syntonisons les fréquences d'un
monde autre dont nous imaginons,
aujourd'hui, le langage et la pratique.

1986

Vancouver avec tes yeux

à PJB

comme une photo dans un film de Wenders   avec la même émotion devant l'image   c'est une histoire au chapitre d'un livre de jours liquides   depuis ta chambre blanche automne 1986   parce qu'il fallait se rendre au bout du bleu   d'un autre bleu   vers l'océan   vers l'autre bout du continent   sur la côte ouest de mon imaginaire   dans le synchronisme de cette ville   pour voir Vancouver avec tes yeux en amande

j'avance avec tes pas sur Granville   on dirait que la musique nous suit partout   sous-tend notre désir de dépasser notre tristesse d'errants   notre mémoire de Moncton   l'océan est un état qui ressemble à nos rêves d'infini   nous allons vers la danse au Luvafair   *Don't Stop The Dance* (Bryan Ferry)   j'écris partout qu'est-ce que ça veut dire venir de nulle part   and to love you there and everywhere

à partir de là

1987

carte postale

canicule des émotions saison des vérités
crues mon cœur affamé et mon corps
intelligent depuis des jours maintenant
j'écoute *The Joshua Tree* voyageant dans
la mystique de ses sillons depuis
des jours dans les images de lumière
l'électricité le soleil la passion
le péché et le salut depuis des jours
écorché dans cette vie la plus étrange que
j'aie jamais connue

1987

notes pour un texte amoureux

Le poète John Ashbery écrit d'un esprit nouveau, d'un éveil spirituel aux choses terrestres, d'un questionnement du destin. C'est le mois d'août dans les feuilles de ma nouvelle demeure. Tout signifie autrement dans ce vert luxuriant.

✣

Je retravaille le même texte depuis des jours.

✣

L'ode, la villanelle, le sonnet ne me sont d'aucun recours. Mes registres épuisés.

✣

J'étudie le décor du restaurant en lisant François Villon. J'écoute le bum du coin parler en alexandrin entre Deluxe French Fries et la musique de Chopin.

✣

Une photo de toi prise à Vancouver. Je pense au temps, qui ne change rien. Tu es souriant. Un moment perdu retrouvé plus tard. Pourquoi souriais-tu de toutes tes dents ? (C'était un dimanche après-midi si je me rappelle bien. Rue Howe. Nous allions vers la brasserie Jolly

Taxpayer. C'est ça, nous allions prendre un verre avant d'aller manger indien au Ashiana au coin de la 33e et Victoria: where we had turned-on tandoori. Après on est allés voir *Blue Velvet.* Ensuite on est rentrés dans ta chambre blanche où j'écris: «yellow radio vibrating in the small space of our lives». Ceci est une histoire de roman, je crois.) J'aime quand même quand tu souris sincèrement.

⁘

La nuit autrement. Navire Night d'un bout à l'autre de la ville. Les bruits familiers et les autres. Ce que l'on tait pendant le jour. Les confidences de la nuit. Dans le noir de la nuit. Ce qui remonte. Que l'on trame de façon attentive. Chaque mot, son pesant d'or. Je t'aime dans cet espace-temps. Dans mon corps terrestre. Chaque déplacement me donne une version différente de ce sentiment. Quelque chose en moi de réveillé. Adamantin. Qui traverse le temps. Dans le vaste horizon de tes yeux. La nuit quand tous les yeux sont bleus.

1987

triolet

à la mémoire de Gwendolyn MacEwen

tu reviens ce soir encore parmi
ces choses qui passent et parmi ces choses qui ne passent
pas
dans les rythmes et les rumeurs de cette ville

tu reviens ce soir encore parmi
les musiques l'encens et l'errance
dans le mouvement de la saison qui avance

tu reviens encore parmi
ces choses qui passent et parmi ces choses qui ne passent
pas

1987

Irio Swn (programme)

l'intention explique la forme
d'un parcours dérivant
dans l'éclat et les couleurs
dans l'odeur de l'encens
et les accords diaprés de la volonté
l'hypnotisme de l'appel
la précision du regard
activent la langue secrète
dans le rythme et la calligraphie
jouer avec la dernière minute
ou la première pensée

1988

Multipiste
(1983-1988)

à Rose Després

La sonorité d'un accent exact Moncton ouvre un
chakra des mots me travaillent dans une rythmique
précise cette ville comme une mémoire m'écorche
m'embrase ses sons tremblants activent le larynx

Kerouac Story

Kerouac story
dans le Hard Rock Café de la place
circuler dans une ambiance hyperréaliste
comme une étude sur un éclairage trop éclatant
le rouge rutilant des bancs de naugahyde
le comptoir lumineux
le sucre cristallin
ce sont des espaces gelés dans le temps
où certains passagers s'arrêtent
raconter leurs histoires
leurs paroles prennent le rythme d'une poésie
le sens de chaque mot s'éveille
dans l'heure magique
de cinq heures du matin
histoires d'amour et de déception
histoires de personnages fabuleux
légendaires dans la démesure
histoires reprises mille fois
comme une conscience qui remonte
lieu sacré de la parole
dans l'odeur du café

1986

taxi bleu

taxi bleu fonçant sur Mountain Road
à la recherche de pilules
voyage effréné
dans une autre strate de la ville
chuchotements dans les couloirs
gestes de circonstance perfectionnés
le bruit des pas traversant le parking
cartographie acoustique du quartier
chanson punk avec beaucoup de reverb

1986

chaos

and i remember plunging into the chaos of that place
when you said it was english versus french and i said
it was ignorance versus sadness like jewish sadness
like black blues like ethnic consciousness rising in
the body bleeding in the mind j'ai commencé à crier
en chiac dans les rues à cracher sur les voitures de
police à me débattre en arrière des barreaux and
baby i thought i was doing it for you

1986

The Crystal Ship

cette image lumineuse que j'avais de toi
les soirs où je marchais jusqu'à La Lanterne
où je récitais mes prières soûles
comme autant de complaintes

je t'aimais avec la caisse de Moosehead
dans la porte à deux heures du matin
encore parti sur une nuit des Doors
The Crystal Ship is being built
a thousand trips
a thousand thrills

au matin tout redevenait fragile
ce bateau de cristal à l'horizon
quand tu partais errer ailleurs
et que je m'allumais un joint
pour intensifier ces passages

c'était l'époque où j'écrivais
de la poésie engagée
dans laquelle je pissais
sur Place l'Assomption
comme un chien de rue
qui connaît par cœur
les chansons de Léo Ferré
tu n'aimais pas les poèmes
qui parlaient de la rue Dufferin
ou de l'Acadie qui grondait

tu t'enveloppais dans les hommages au carré
de Josef Albers
et je plongeais dans Jackson Pollock
avec la nervosité et les tensions
je drippais démesurément sur le réel
et dans ces moments
tu me laissais te toucher partout
j'avalais de la mescaline à la cuillère
j'explorais tous les côtés
les dimensions encore inconnues
Amiri Baraka me servait de guide
William Burroughs m'introduisait à la conspiration
Nova
l'idée de l'amour comme une drogue
l'amour comme système de contrôle
le mot même amour
comme un corps étranger qui agit sur l'organisme

je retiens certaines images
une émotion me traverse encore
c'est à ce moment-là que j'écris
au moment où je commence à manquer
ce que je n'ai jamais vraiment eu

1986

image immobile

quand chaque pas répète chaque pas
déjà fait dans cette rue (déjà vu ?)
image immobile
vers quelque chose qui glisse

1986

la rue serait donc un refrain

sounds of the city
summer in the city
les réserves d'intensité
nous ne sommes pas vraiment de ce monde
et pourtant nos corps insistent après le last call

1986

nuit de Tom Waits

la ville est un long tunnel gris
nuit d'abandon et de désespoir
nuit de Tom Waits qui n'attend plus
la rue me monte dans la gorge
quand je pense au temps
du trafic de tes mains

1986

bebopalula

bebopalula est un mantra qui agit dans les reins, dans les hanches et dans les jambes. une invitation à la danse. une occasion de reprendre possession de son corps.

1986

matin de Bessie Smith

Empty Bed Blues
cette ville que j'expérimente
matin de Bessie Smith
sa voix dans les registres du désir
l'ambiance est au blues
comme au cœur de chaque chanson
le bleu chante une mémoire
et ce qui en déborde

1986

multipiste

Moncton serait cet espace
où j'ai traversé le rouge dans toutes ses dimensions
réseaux dévorants des accidents de parcours
rages et rumeurs de l'émotion
lyrisme du trop-plein
ville de mes vies parallèles
Moncton multipiste
dans l'immense Amérique de mon désir

1986

portrait

la voix insistante de Bryan Ferry
comme une image qui se forme
dans ce bleu rutilant
la mise en scène
où l'on commence
par se déshabiller

là où l'émotion s'éveille
là où la conscience bouge d'un cran
sur ces rythmes neufs à saveur d'Orient

1983

carte postale en provenance d'un paysage postatomique

le décor brille faiblement
sous une nappe d'oxyde de carbone
je suis assis dans une architecture molle
avec les dernières miettes de mon déjeuner chimique
un homme me reluque
en m'adressant des gestes obscènes
– c'est une victime de la révolution sexuelle –
on joue une musique stridente
enveloppée dans un rythme du tiers-monde
it's slow morning in my mind
and i have no place to go

1983

New York City : 26 avril 1985

depuis des mois maintenant j'écris
des textes où j'ai cessé de nommer
où je laisse les mots glisser sur
leur plus simple parcours mais
comment taire ce vendredi après-midi
dans une librairie sur Avenue of the
Americas où mes yeux tombent sur
The Fact of A Doorframe d'Adrienne
Rich ses vingt et un poèmes d'amour
me parlent des passions qui s'enracinent
dans la ville le réel produit du désir
répond à l'amour des livres des lieux où
je brûle de tentation dans le soleil
noir du Dakini la tentation et le travail
avec les bruits de la ville getting into
summer in the city pour longtemps

1985

satori story

Le mot *rythme* revient dans le parcours d'une prose. Une séquence rappelant le mouvement. La fascination douce. Et la danse comme un appel ludique de l'attraction. Comme une métaphore diaprée sur le corps du temps. Du temps de chair. J'avance dans le mouvement de l'attraction. Cela commence sur la peau. Le frisson. Le corps s'active. Quand ton nom arrive dans la phrase.

1987

le silence de janvier

l'amour est un espace blanc qui respire dans le silence de janvier. dans le silence saisissant. je médite sur le blanc en attendant d'épuiser mes désirs.

parler d'amour. c'est revenir aux mots encore une fois. parlez-moi d'amour comme la chanson. il était une fois comme dans les histoires. je m'aperçois que les chansons et les histoires se mélangent. je m'aperçois que j'avance aveuglément dans quelque chose. je m'aperçois que j'ouvre les yeux. c'est une histoire d'ici, une histoire avec l'accent de la place, le sentiment du lieu.

la première fois que j'ai vu le visage de l'amour, je me suis brûlé. la première brûlure qui fait que je cherche le feu dans chaque visage que je rencontre. je pense au premier feu, à l'origine.

l'amour est un espace blanc qui respire dans le silence de janvier. dans ce blanc je revois des images de vous. vos mots reviennent dans le silence. « on se reverra, on se rêvera. » je rêve dans votre bouche, je rêve dans votre corps. parce que l'amour vous ressemble. parce que can talmak ulak. parce que le courant passe. parce que la saison avance. parce que la terre tourne. parce que nous tournons avec.

et l'envers de l'amour qui est l'indifférence et l'envers de l'amour qui est la noirceur. j'invoque des images de lumière pour traverser cela. my favourite things : comme Woody Allen dans *Manhattan*, comme Miles Davis cuivre clair dans *My Funny Valentine*, comme la voix rocailleuse d'Édith Piaf dans l'immensité du désir, comme l'Atelier de Matisse, comme la chevelure d'Anne Waldman, comme l'*Extase neutre* de Michael Delisle, comme le rire de Sharon Thesen, comme la voix de Yolande au téléphone, comme votre nom qui respire dans le silence de janvier.

je vous sens de ce monde depuis quelque temps. je vous attendais patiemment. et vous êtes au rendez-vous. vous êtes mon allié dans la traversée du réel. vous savez que la matière est une illusion flexible. vous savez que nous pouvons nous rejoindre par la pensée. vous savez que l'espace souffle dans le temps. vous savez que les mots sont des transmetteurs d'énergie. et vous savez que je vous aime.

je suis assis dans une chambre blanche, en ville, quelque part dans les années 80. un mur de stucco produit des motifs mobiles quand je m'y concentre. je ferme les yeux. je respire : j'inhale, j'exhale, j'inhale, j'exhale. hamsa. dans la chambre blanche.

mon corps est un chat qui se love sur un matelas. je m'étire et me soulève, m'arcboute de la tête et des pieds.

mes cuisses se réchauffent et mon sexe bourdonne. je m'étends sur le dos. je respire : j'inhale, j'exhale. hamsa.

j'entre dans un état hypnagogique. je flotte. je vois du blanc, puis du bleu. je vois vos yeux. et je me vois devant vous : San Francisco. nous sommes assis à la Foster Cafeteria et nous parlons d'Allen Ginsberg et de Peter Orlovsky. nous faisons un vœu mutuel d'engagement : de partager nos corps et nos consciences. de travailler tous les deux à travers les caprices terrestres pour que nos âmes puissent se retrouver au ciel ensemble. nous disons oui et nous pleurons de joie dans le désordre de ce monde.

j'ouvre les yeux dans la chambre blanche. j'écris l'amour est un espace blanc qui respire dans le silence de janvier. les journées tournent comme un mandala multicolore sur fond blanc. je dis le mot : amour, améthyste rutilante électrique, courant qui fouille les sens. je dis amour image invitante sur un sentier sonore d'exploration. je dis amour votre nom mantra au fil des heures d'une journée. je dis amour poème intemporel du ravissement, amour mains, amour yeux, amour jambes, amour sexe, amour âme quand toutes nos fibres s'allument dans l'amour naissant. dans le midi de la passion prenante. dans la lumière qui nous informe de la trajectoire. dans l'espace blanc qui respire dans le silence de janvier.

1987

nord-américain des yeux

(fragments d'une performance)

vers d'autres harmonies
de ces aventures inouïes certains moments
ces lieux blancs de permission et d'audace
le corps excède d'intelligence
crée sa géographie d'exploration
la respiration prend un autre rythme

1988

soirée de nulle part

asphalte mouillé cette texture
soirée sans lune time warp material
c'est une soirée de nulle part je marche vers
ce qui s'efface devant ce qui avance
l'atmosphère est au roman au crime passionnel
l'ombre qui me suit n'est peut-être plus
la mienne je suis celui qui ne rêve plus
la nuit

1988

arc-en-ciel de gravité

nos corps enlacés parmi les
livres et les disques de notre
laboratoire dans les mots
transparents
notre mémoire de ce lieu de l'accent
dans nos corps d'Icare le vertige

1988

l’impérieuse errance

le déclic se fait parfois subtilement entre
les pages d’un livre d’une phrase invitante
vous entraîne et soudain le mouvement
s’empare de vous l’irrésistible mouvement
du temps en aval des éclats et des musiques
et le livre n’était qu’une carte de l’impérieuse
errance du corps

1988

la nuit ludique de l'instinct

la saison avance
dans les turbulences
et les oasis de nos gestes
le mouvement nous travaille
dans le corps dans les idées
alors que les satellites gravitent
autour de quelque chose
que nous arrêtons au feu rouge
avant de traverser
que les sassafras frémissent sur le continent
et la saison avance
parmi les excès lunaires
et le laboratoire mystérieux de nos errances
tout bouge
et nos yeux plongent
dans la nuit ludique de l'instinct

1988

projet

j'irai chercher des mots dans les séismes et les houles je m'insinuerai dans les chambres à coucher et les ruelles je serai celui qui se multiplie et se divise un dictionnaire d'intensités une science-fiction immédiate j'apparaîtrai dans tes rêves et tes errances et je verrai à ne plus te perdre de vue

1988

3 h 3 a.m. à ma montre

parfois la ville se grise ou
s'essouffle ou s'endort dans
les rues humides d'une nuit
comme celle-ci je marche regardant
au loin très loin aussi loin
que je peux voir j'avance
vers un gars qui
bande aussi dur que Dieu

1988

l'attrait de l'extérieur

l'attrait de l'extérieur
ce regard sollicite un mouvement
les pas se dirigent vers d'autres aventures
mille et une nuits
avec les odeurs et les bruits ambiants
les clins d'œil et le clinquant
l'artifice et l'engouement
la question sans réponse
l'errance pour l'errance

1988

message

la chair s'allume au moindre toucher et le vent
efface nos pas derrière nous cette ville recèle
notre mémoire tant d'images invisibles aux autres
et nous allons vers les jours transparents amoureux
comme si cela importait

1988

poème écrit en courant

laissant derrière moi les jours électriques bigarrés de
signes et d'images résonnantes au revoir ma rue familière
ma rue de chansons ma rue de débordements au revoir
les objets quotidiens le bruit du frigo
le puits de lumière qui fait rêver le matin
les espaces bleus les amours fuckées
les amours manquées les amours foudroyantes parfois
le désir de l'amour souvent plus fort que l'amour
derrière moi la routine inquiétante
le programme incrusté
de mes habitudes
as i run from the day to a strange night of stone

1987

En bleu dans le texte
(1986-1987)

contexte

dans le contexte de certaines paroles
quelque chose démarre
s'étend sur la ville
comme une nappe soyeuse
sur le corps sonore du vouloir
parler de cette intention
quand tout devient disponible
et que les gestes arrivent à temps

en bleu dans le texte

l'espace flou où la phrase ne fournit plus
la ville égrène ses chimères
nuée de notes discordantes
juin de jongleries
l'hésitation et la syncope
les vitamines et la ferveur
ce qui change et ce qui ne change pas
ma cigarette et la boucane
mon biorythme boloxé
love will tear us apart again

vivre est une vibration mouvante

les perceptions basculent
dans le temps des musiques remontent
vers ces lieux de l'esprit
vivre est une vibration mouvante
une volonté de prolongement
que l'écriture matérialise

lumière de juillet

lumière de juillet sur les questions d'optique
j'accumule des feuilles de route
sur le sentier des objets perdus
méandres et mélanges
les rumeurs montent dans ma rue
ravalées en une vision organique
implosion d'une séquence sérielle
de cette errance bleue dans le corps

la page blanche et le mauve

avec des mots connus j'amène cette
soirée chez moi je l'écris à l'encre
mauve pour prolonger le courant affectif
de l'immédiat tout se transforme dans
le mouvement des choses j'assimile cet
amour dans la dynamique de ma vie terrestre
et ce matin l'amour est mauve
sur la page blanche

l'écho blanc

dimanche de papier
écho de vinyle
une pensée passe
dans la flexibilité du réel

dimanche fragile
le bourdonnement des mots
quelque chose s'agite
autour d'une pensée intuitive

dimanche inutile
quand le soleil n'est rien
quand la ville n'est rien
comme ton absence
n'est rien

matin

ce matin de petites tristesses
la seule musique que j'entends
joue dans ma tête toujours mauve
sortir d'ici bientôt
comme réapprendre à marcher
dans la fragilité d'une texture
de vitre

Toujours des rêves tombent
(1987)

1.
les lignes obliques de mes errances
entre divers livres
nourries de musiques
toujours des rêves tombent
dans la cuisine sur les dos de chaises
chez le dépanneur du coin des bribes
de paroles des passants irisent le
paysage ramènent ton sourire de
Moncton notre ville de mots bâtards
we are bastard children of the
city sensibles à chaque remous
nous créons des courants de démesure
dans le désordre de la fin d'un siècle
qui semble être le dernier

2.
tes confidences sont un écho dans
mon âme je me revois avant dans tes
paroles prismes autour du quotidien
qui étrangle le quotidien nous expérimentons
désespérément un rechange d'images
quelques audaces dans nos démarches

3.
le chiac jazz dans le gris des
trottoirs sonorité me catapultant vers
des zones indéfinies une nouvelle rythmique
que j'apprivoise

4.
les couloirs organiques où nous
devenons orgiaques là où l'on se fabrique
des souvenirs coloriés les images
miroitent dans nos yeux nos mains
s'éprennent de bleu couleur de notre
soif

5.
espace de transparence ce matin
d'une invitation à la magie

6.
il y a toujours les rêves mêlés à notre
faim de connaissance irruption d'un courant
de tendresse le noir de la nuit bouge et
rebondit sur nos pas la ville est un espace
mouvant alors nous changeons d'habitudes
de disques de lieux d'intensité

7.
l’apprentissage d’un code sensible nos essais
se répercutent à travers notre système nerveux
toujours nos corps et ce qui change

8.

tout commence à bouger autrement
ce glissement dans l'appétit s'allume
l'absence résonne sur tous les murs
et l'errance ouvre la porte
comme on ouvre les bras devant l'infini

L'expérience du Pacifique (1986-1987)

à Paul J. Bourque

l'expérience du Pacifique

d'aller vers le plus bleu du rêve vers une image de la côte ouest d'aller vers ce qui flotte zigzague et traverse la conscience d'aller

carte postale

le restaurant Fellini's
la reproduction de Georgia O'Keeffe
les miroirs près de la table
nous renvoient des images de nous-mêmes
comme l'idée d'aller voir
de l'autre côté du miroir
je viens d'arriver et je sais
que je n'en reviendrai jamais

navigateurs

harmonies éclectiques
dans le sillon des intensités
cet espace de bien-être
les accords rentrent
au même moment
quand tout ce qui arrive
repart continuellement
nous sommes les orphelins de cette ville
navigateurs de la fièvre

la chambre blanche

sur le petit lit étroit
tu tires un oracle du Yi King
27 – Yi – la nourriture
je lis *Cutting Through Spiritual Materialism*
de Chögyam Trungpa Rinpoche
dehors les arbres bougent
des voitures passent
parfois un avion
ta radio jaune joue Laurie Anderson
nous voulons sortir
mais nous restons là
j'écoute les messages de ton corps animal apeuré
je pense « surrender »
gris-bleu la nuit horizontale
satori dans la ville
tu traverses
j'avance
soudain
se rendre l'un à l'autre
la conscience remue
comme nos âmes au-dedans de nos corps
dans la fusion

transformations osmotiques

série d'images en allant dans le sommeil
des spirales roses des symboles celtes
lavés d'eau verte des paysages bretons
rêves visions alors la journée de nous
deux continue dans les transformations
osmotiques

cartographie d'un sentiment

un autre rythme s'ajoute à nos déplacements
c'est une autre ville un autre lieu
Vancouver a ton visage
tes paroles en nourrissent l'expérience
ton nom me monte aux lèvres
comme une rumeur de magie
des images se succèdent
au Gandy nous regardons les feux d'artifice
comme des éloizes colorées de nos émotions
au Montgomery Café nous écrivons ensemble dans nos cahiers
une symbiose de mots s'échangeant
la tentation coule sous nos stylos
la conscience du Pacifique nous agite
comme une vague de fond
à l'horizon des rainures de bleu percent
à travers le gris
et je me dis qu'aujourd'hui
nous sommes un peu plus près du paradis

espaces habitables

la musique crée des espaces habitables
pour nos errances we can go for a walk
where it's quiet and dry and we can talk
about precious things[6]

[6] The Smiths.

océan

l'océan nous appelle autrement
nous branche sur un Orient
partout dans nos corps la nuit
luxuriante

le nombre d'illusions

l'exemple est le meilleur exemple
dit la chanson[7] et nous continuons
de vivre à bout portant d'une
illusion à l'autre nous épuisant
sans jamais épuiser le nombre
d'illusions même quand le soir
descend sur notre train-train
que tout commence à bouger
différemment et ce qui se passe
entre nos jambes et ce qui
se passe entre nos oreilles
commencent à résonner plus fort
étouffant le chant du cœur dans
l'usage imparfait du désir

[7] R.E.M.

terrain vague

c'est dimanche dans un terrain vague
en bas de la Robson et de la Jervis le
soleil de fin d'après-midi nous
atteint toujours tu suggères
qu'on s'assoit sur une bouchure
de fer pour parler de C* et le soir
avec M* dans un party une histoire
de bootlegger à partir de la rue Fleet
à Moncton nos histoires de là-bas
se mélangent comme si l'on échangeait
des scénarios

voix

les arguments que j'ai dans
ma tête avec toi ou est-ce moi
qui me parle en monologue incessant
examinant une option et son
contraire d'où viennent ces voix
que je nomme parfois
poésie

Vancouver

avancer avec prosaïsme dans
quelque chose qu'on voudrait
poétique : tes mains, tes fesses,
tes yeux, tes lunettes englouties
dans le Pacifique, ta bouche,
ta chambre blanche. deux hommes
dans une même cellule. le silence
s'étend autour d'eux. les enveloppe.
ils commencent à dire n'importe quoi,
jusqu'à ce que ça ne fasse plus rien.

✣

d'autres matins, d'autres cafés. des musiques se
greffent à nos errances. city of synchronicity.
ville de cyclothymie : roller coaster émotionnel.
je marche sur Hastings, je tourne sur Richards,
puis Seymour, Granville, Howe. je monte sur Hornby
jusqu'à Robson. je pense Robinson, Lutz, Archibald,
Bonaccord. ton nom de Moncton. la voix d'Édith
Piaf dans une librairie souffle entre les livres.
courant direct sur le bleu. je bascule dans la
zone hyperréelle du manque. je me rappelle que
c'est parfois psychique à deux heures du matin.

alors ailleurs ce sera la langue, ou la couleur de
la peau, ou l'orientation sexuelle. à un certain
niveau c'est partout pareil. et tes yeux caméléons
quand tu t'exiles où ça fait mal.

✣

✣

nous continuons d'aller vers des couleurs, vers des musiques et vers des livres. nous tentons de cerner les formes de notre douleur. tu me demandes pourquoi nous allons vers ce qui nous détruit. nous aimerions nous déraciner mais nous avons toujours été flottants dans nos origines. de notre histoire apprise dans les chuchotements.

le désir radiographié dans les vitrines, gelé à tout jamais. comment parler à ceux qui mangent des sandwiches narcotiques ? nous en sommes les témoins. nous regardons l'indifférence ambiante et tu rages contre cette époque. qu'est-ce que ça veut dire, venir de Moncton ?

✣

Vancouver ville belle aux rythmes ralentis. son côté rutilant, ses éclats me séduisent et j'erre comme en chaque ville à la découverte de son âme, au-delà et avec les surfaces.

✣

l'envers de la médaille. la deuxième semaine de façon plus insistante. dans le bas de la rue Granville assis dans un café. je vois : des Amérindiens à la recherche d'une bouteille d'oubli, des jeunes aux yeux égarés déjà vieux d'un voyage dont ils ne sont jamais revenus, diverses loques humaines qui viennent rappeler le prix à payer pour le luxe des autres.

mon café refroidit. contact direct avec la tristesse. je suis tellement seul et je sens les larmes monter. la conscience de notre solitude. comment allons-nous nous rejoindre, mon amour, camarade et complice ? what have they done to the rain ? qu'est-ce que ça veut dire, venir de Moncton ?

✣

tu me parles du suicide d'Ian Curtis du groupe Joy Division. me dis que son cri n'a pas été poussé en vain. la conscience de ceux qui aujourd'hui ont vingt ans. tu dis vouloir me donner de la tendresse mais que tu t'en sens incapable. je comprends et je pleure et c'est là finalement où nous en sommes rendus. qu'est-ce que ça veut dire, venir de Moncton ?

✣

qu'est-ce que ça veut dire, venir de Moncton ? une langue bigarrée à la rythmique chiac. encore trop proche du feu. la brûlure linguistique. Moncton est une prière américaine, un long cri de coyote dans le désert de cette fin de siècle. Moncton est un mot avant d'être un lieu ou vice versa dans la nuit des choses inquiétantes. Moncton multipiste : on peut répondre fuck ouère off et ça change le rythme encore une fois. qu'est-ce que ça veut dire, venir de nulle part ?

✣

⁘

on continuait vers quelque chose qui touchait
tout le temps la tristesse

⁘

✣

à Sharon Thesen

dans une maison sur West 18th, je rencontre une poète. des livres de Matisse ouverts un peu partout dans le salon. on parle d'atelier, de Malcolm Lowry, d'alcool, de poésie. le rire complice. l'état de fragilité dans les moments de création. la conscience de l'océan nous embrase. il y aura toujours un livre dans lequel nous entrons (vers lequel nous allons) ((auquel nous arrivons)).
confabulations.
pelada.

✣

Vancouver est une matrice d'images. une transparence de l'amour dans le temps des villes magiques où nous nous sommes connus. tes yeux sont les mêmes à travers les âges, bleus, balises de mon désir. sirène soufflant au cœur même de la matière. nous sommes de chair et de sang encore une fois. vibrants dans la conscience terrestre de l'autre côte de l'Amérique, notre terre d'exil jusqu'au prochain rendez-vous.

Vancouver 1986
Moncton 1987

Repères bibliographiques

Pour vivre icitte

pratique de la poésie, je t'écrirai un poème sauvage, dans l'espace opaque, quand tu m'offres ton ventre, j'ai revu mon passé, fin de saison, color sweats, poème pour ma fête, vivre icitte, autant que dure la mémoire, rythme de blues, genèse, je s'épare, objets automatiques, une chandelle pour Guy, jazz break: parus dans *Emma 1*, Moncton, Éditions d'Acadie, 1976.

acadielove, manifeste: parus dans *L'Acayen*, octobre 1974.

acadielove (extrait): *La Jaunisse*, journal étudiant de l'Université de Moncton, vol. 3, n° 19, 1975.

le mois de juillet, je me suis perdu: *La Boueille*, vol. 1, n° 4, 1975.

pour t'aimer, enough will do, chu pas content: *Acadie/expérience*, Montréal, Éditions Parti-Pris, 1977.

Chansons

le groupe 1755, Le monde a bien changé, Je chante pour toi, Rue Dufferin, Le monde qu'on connaît, Vie de fou et Boire ma bouteille, sur le disque *1755*, PE 7512 (Montréal), 1978.

J'ai passé toute la nuit deboute, Complainte du parc Kouchibouguac, sur le disque *Vivre à la baie*, PE7519 (Montréal), 1979.

Où c'que t'es rendue, J'monte à Moncton, Rêve d'automne, sur le disque *Synergie*, LEB 1002 (Moncton), 1982.

Nightscapes from a camera mind

géographie de la nuit rouge: *Éloïzes*, n° 3, 1981.

chronomètre bleu: *Lèvres urbaines*, n° 2, 1983.

graffiti bleu, speaking in tongues: *Éloïzes*, n° 9, 1984.

fast foods and quick snacks, Le refuge de la route: *Les cent lignes de notre américanité*, Moncton, Éditions Perce-Neige, 1984.

Nightscapes from a camera mind, lire le noir: *Estuaire*, n° 36, 1985.

un accord résonne dans nos vies: *Poésie acadienne contemporàine / Acadian Poetry Now*, Moncton, Éditions Perce-Neige, 1985.

le programme du poème: *Revue du Salon du Livre de l'Outaouais*, 1985.

Les grands sujets: *Poésie acadienne 1948-1988*, Trois-Rivières / Paris, Écrits des Forges / Le Castor astral, 1988.

avril 1986: snapshot mnémonique: *Ven' d'est*, n° 8, juin 1986.

Vancouver avec tes yeux: *Estuaire*, n° 46, 1987.

Carte postale: *Lèvres urbaines*, n° 17, 1987.

Notes pour un texte amoureux: *Éloïzes*, n° 14, 1988.

Triolet: *Trois*, vol. 3, n° 3, 1988.

Irio Swn (programme): *Estuaire*, n° 50, 1988.

Multipiste

Les poèmes de cette suite sont inédits. Le titre de la séquence *nord-américain des yeux* est de Michael Delisle («Faire mention», *Lèvres urbaines*, n° 15, 1987); extrait d'une performance présentée à la galerie Sans Nom, Moncton, le 14 avril 1988.

En bleu dans le texte

Les poèmes de cette suite sont inédits. Le titre de l'ensemble est d'Herménégilde Chiasson (*Rapport sur l'état de mes illusions*, Moncton, Éditions d'Acadie, 1976).

Toujours des rêves tombent et L'expérience du Pacifique

Les poèmes de ces deux suites sont inédits.

Choix de jugements

L'extrême frontière est avant tout un parcours dont l'intérêt réside dans la continuité : Gérald Leblanc, pour des raisons qu'il ne nous appartient pas de déterminer, bénéficie ici d'une capacité de cristalliser son parcours poétique en un seul volume, par lequel se crée un lieu privilégié qui est en même temps le plus transitoire qui soit. Lieu-texte, lieu-corps, et en même temps lieu-exil, lieu-voyage, lieu-transparence.

Henri-Dominique Paratte, « Du lieu de création en Acadie : entre le trop-plein et le nulle part », *Studies in Canadian Literature/Études en littérature canadienne*, vol. 18, n° 1, 1993.

L'itinéraire de Leblanc est celui d'une affirmation mordante qui commence par une prise de possession de la parole, « d'un souffle », où bien sûr le pays est nommé et présent mais où surtout le corps amoureux occupe généreusement l'espace du poème.

Gilles Toupin, « Gérald Leblanc, poète et Acadien », *La Presse*, 25 février 1989, p. B2.

Gérald Leblanc a préféré donner des fragments, ou de petits monuments : chacun d'eux est dédié à une période de sa vie ou plutôt à une façon poétique de vivre – à un type particulier de relation entre l'expérience et la parole. Car l'entreprise poétique ne vient pas après la vie ni à côté d'elle; elle vient d'elle et elle vient en elle. C'est l'évolution de ce rapport intime, aussi lucide que lyrique qui fait tout le prix de *L'extrême frontière*[.]

Alain Masson, «Gérald Leblanc, *L'extrême frontière (Poèmes 1972-1988)*», *Revue de l'Université de Moncton*, vol. 21, n° 2, 1988, p. 131-134.

[I]l existe une certaine violence, une tension verbale et métaphysique que le poète traduit dans sa brutalité, mais toujours sur un fond musical qui suscite l'inspiration et l'ordre du monde. Cette poésie des tripes et de l'oralité s'enracine pour ainsi dire dans les rues mêmes de la ville, de l'amour et de la haine, du calme et de la colère, manifestant ainsi toutes les gammes à «couleur de sang».

Hédi Bouraoui, «Gérald Leblanc: écriture d'appartenance et d'émergence», *Liaison*, n° 56, 1990, p. 12.

Biographie

1945	Naissance à Bouctouche, le 25 septembre. Aîné d'une famille de sept enfants de Louis et Hélène LeBlanc (née LeBlanc).
1959	Installation de la famille à Saint-Jean (N.-B.). Gérald fréquente le St. Malachy's High School.
1963	Obtention en juin du diplôme d'études secondaires du St. Malachy's High School.
1964-1967	Emploi à titre de traducteur au Workers' Compensation Board, à Saint-Jean.
1968	Voyage à Boston en compagnie de son ami Olivier Roy, un événement déterminant dans sa vocation poétique.
1970	De retour à Moncton, il habite Beechwood Terrace avec, notamment, Raymond Guy LeBlanc et Herménégilde Chiasson. Il y habitera jusqu'en 1974.
1971	Inscription à l'Université de Moncton en septembre; il ne terminera pas son année universitaire.
1975	Séjour à Montréal.
1976	Il déménage au 5, rue Dufferin, à Moncton.
1977	Il habite la rue du Souvenir, à Montréal. Emploi à l'Office national du film à la scénarisation et à la réalisation de deux films: *La reconnaissance du chien* et *Pascal Poirier*.

1978	Membre fondateur de l'Association des écrivains acadiens.
1979	De retour à Moncton, il devient secrétaire-gérant du groupe *1755*.
1980	Il participe à la fondation des Éditions Perce-Neige, une initiative de l'Association des écrivains acadiens. • Il est critique littéraire et musical à la première chaîne de Radio-Canada Atlantique, à Moncton. • Il participe au spectacle de poésie acadienne *La grande rumeur*, présenté dans sept régions acadiennes du 3 au 10 mai. • Séjour d'écriture dans la région de Caraquet du 31 juillet au 24 août, au cours de laquelle il donne la forme définitive à son premier recueil, *Comme un otage du quotidien*.
1981	Publication de *Comme un otage du quotidien* aux Éditions Perce-Neige. • Lecture performance à la Bibliothèque nationale du Québec, Montréal, du 2 au 8 mars.
1982	Voyage à Paris, en compagnie d'Herménégilde Chiasson et de Barry Ancelet. Il donne une conférence au Centre culturel de La Rochelle et une lecture-performance au Centre Georges-Pompidou.
1983	Voyage à Kinshasa, en compagnie de Rose Després, du 16 au 25 juillet. Il y donne des lectures et des conférences dans le cadre de la Semaine de la littérature Zaïre-Acadie. • Performance à Montréal, avec Herménégilde Chiasson, dans le cadre de l'événement « Poésie : ville ouverte », en septembre et octobre. • Il présente le poème-performance « La noche de los tiempos », à Moncton, dans le cadre du Festival des métiers d'art.
1984	À la Galerie d'art de l'Université de Moncton, le 9 février, il participe à l'événement « Poésie caméléon », qu'il organise avec Rose Després. • Il participe au colloque *Les cent lignes de notre américanité*, à Moncton,

du 14 au 16 juin. • Publication de *Géographie de la nuit rouge* aux Éditions d'Acadie, de Moncton.

1985 Il déménage au 371, rue Lutz (appartement 5), à Moncton. • Lecture-performance au Théâtre de Caen, en France, en octobre. • Le numéro 12 de la revue *Lèvres urbaines,* « Précis d'intensité », lui est consacré, ainsi qu'à Herménégilde Chiasson.

1986 Lecture-performance à Moncton, le 28 février. • Lecture-performance au bar Le Kacho de l'Université de Moncton. • Voyage à New York, du 10 au 17 avril. • Membre de la délégation d'artistes acadiens à l'Exposition universelle de Vancouver, en septembre. • Lecture de poésie au Studio Amiga. Visite au Mont Saint-Michel, en Normandie, en compagnie d'Herménégilde Chiasson, Rose Després et Dyane Léger à l'occasion de la Semaine de la poésie. • Publication de *Lieux transitoires* chez Michel Henry Éditeur, Moncton.

1987 Chroniques hebdomadaires à la radio et à la télévision de Radio-Canada Atlantique, à Moncton, sur la musique contemporaine et le phénomène de la contre-culture des années 60. • Il participe à la Foire du livre de Bruxelles du 6 au 12 mars. • Il participe à la table ronde « Écriture et francophonie » au Centre Georges-Pompidou, à Paris, le 23 mars. • Séjour à New York du 23 au 31 août.

1988 À titre de poète invité, il participe au Marché de la poésie de la Place Saint-Sulpice, à Paris, du 26 juin au 6 juillet. • À titre de poète invité, il participe au Festival international de poésie de Trois-Rivières en octobre. • Publication de *L'extrême frontière* aux Éditions d'Acadie.

1989 Il déménage au 110, rue Weldon, à Moncton (appartement 4, puis 6) ; il y habitera jusqu'en 2002. • Poète invité et conférencier au Congrès international d'études francophones, Nouvelle-Orléans, du 11 au 16 avril. • Poète invité à la *IV Encuentro de poetas del mundo latino*, à Mexico, en décembre.

1990 Prix littéraire de la Ville de Moncton pour *L'extrême frontière*. • Il participe à la Nuit de ventôse au Centre culturel Aberdeen, à Moncton, le 24 mars. • Poète invité au Festival international de poésie de Trois-Rivières en octobre.

1991 Il siège au conseil d'administration des Éditions Perce-Neige à titre de conseiller; il le demeurera jusqu'en 1997. • En mars, il participe avec France Daigle, Raymond Guy LeBlanc et Dyane Léger à une lecture bilingue dans le cadre de l'événement *Writes of Spring* à l'Université Saint-Thomas, à Fredericton. • Publication de *Les matins habitables* aux Éditions Perce-Neige.

1992 Critique littéraire à la radio de Radio-Canada Atlantique, Moncton. • Lectures et conférences à Montréal et à l'Université York, à Toronto. • Membre du jury du prix du Gouverneur général du Canada, catégorie poésie. • À titre d'écrivain invité, il participe à une lecture publique dans le cadre du colloque des Sociétés savantes, à Charlottetown, en mai. Il y est en compagnie d'Herménégilde Chiasson, Jo-Anne Elder, Raymond Guy LeBlanc et Dyane Léger. • Il participe à une soirée de poésie dans le cadre du 2e colloque de l'Association des professeurs de littératures acadienne et québécoise de l'Atlantique, à Fredericton, le 30 octobre. Y participent aussi: Claude Beausoleil, Herménégilde Chiasson, François-Xavier Eygun, Martine Jacquot, Dyane Léger, Henri-Dominique Paratte et Maurice Raymond.

1993 Le Conseil des arts du Nouveau-Brunswick lui décerne le prix Pascal-Poirier de la province du Nouveau-Brunswick pour l'excellence dans les arts littéraires en français. • Séjour d'écriture, de janvier à mai, chez son ami Jean-Paul Daoust, écrivain en résidence à New York. • Voyage à Paris, Poitiers et Namur du 12 au 25 mai. • Parution de *Complaintes du continent* aux Éditions Perce-Neige, en coédition avec les Écrits des Forges de Trois-Rivières. • Collaboration avec Jean-Paul Daoust au numéro 24 de la revue *Lèvres urbaines* dont le thème est « De la rue, la mémoire, la musique ». • Parution de *Amazon Angel*, sa traduction du recueil *Ange Amazone* de Yolande Villemaire, chez Guernica Editions de Toronto.

1994 Il reçoit le prix de poésie des Terrasses Saint-Sulpice de la revue *Estuaire*, Montréal, pour *Complaintes du continent*. • Séjour à New York du 9 au 17 mai. • Second séjour d'écriture à New York chez Jean-Paul Daoust de juillet à octobre. • Poète invité au Festival international de poésie de Trois-Rivières en octobre. • Il participe au Festival des littératures homosexuelles à l'Université du Québec à Montréal du 17 au 22 octobre. • Il donne, avec Herménégilde Chiasson, une communication lors d'une séance intitulée « Paroles d'écrivain » au 4e colloque de l'Association des professeurs de littératures acadienne et québécoise de l'Atlantique, à Moncton, le 28 octobre.

1995 Parution de *Éloge du chiac* aux Éditions Perce-Neige.

1996 Il donne une performance à la Galerie Sans Nom du Centre culturel Aberdeen, à Moncton, le 25 janvier. • Séjour à New York au printemps et à l'été.

1997 Il devient directeur littéraire des Éditions Perce-Neige, poste qu'il occupera jusqu'à son décès en 2005. • Voyage à Lafayette, en Louisiane, du 23 au 26 avril. • Publication de *Moncton mantra* aux Éditions Perce-Neige. • Voyage à New York, de décembre au 2 janvier.

1998 Voyage à Bruxelles, Paris, Poitiers, Lyon et Grenoble pour une série de lectures et de conférences, du 16 au 24 mars.

1999 Voyage à Paris, Prague et Bratislava du 16 au 30 mars. Il participe au Salon du livre de Paris et à l'événement

«Étonnante Acadie», une vitrine d'activités culturelles et artistiques tenue à Paris en préparation du Sommet de la Francophonie de Moncton. • Il participe à *L'été du livre* de Metz, au Récital international de la poésie au Centre culturel canadien de Paris, et au Marché de la poésie de Paris, du 5 au 20 juin. • Séjour en Louisiane du 4 au 12 août. • Séjour à Prague en septembre. • Il participe au Festival international de poésie de Trois-Rivières du 2 au 7 octobre. Accompagné du groupe musical de Moncton Les Païens, il y présente une performance mémorable le 7 octobre. • Il participe à une soirée de poésie en compagnie de 21 poètes d'Afrique, des États-Unis, de l'Ontario, du Québec et de l'Acadie dans le cadre du 9e colloque de l'Association des professeurs de littératures acadienne et québécoise de l'Atlantique, à Fredericton, le 22 octobre. • Parution de *Je n'en connais pas la fin* aux Éditions Perce-Neige. • Publication, aux Éditions Perce-Neige et aux Écrits des Forges, de *La poésie acadienne*, une anthologie qu'il a préparée avec Claude Beausoleil.

2000 Séjour à Prague en avril. Il participe au Festival Spisovatelu Praha. • Il donne une communication intitulée «L'alambic acadien: identité et création littéraire en milieu minoritaire» dans le cadre du colloque *L'Acadie plurielle* tenu à l'Université de Poitiers, en mai.

2001 Il participe, avec Dyane Léger et François Paré, à la table ronde «Le rôle de l'éditeur dans les littératures de l'exiguïté», organisée par le Département d'études françaises de l'Université de Moncton en février pour souligner le 20e anniversaire des Éditions Perce-Neige. • Voyage à Paris et Avignon du 13 au 25 mars. À titre d'écrivain invité et animateur d'ateliers de création littéraire, il participe à la Semaine d'études canadiennes de l'Université d'Avignon et des Pays de Vaucluse. • Il participe au Festival littéraire international Northrop-Frye, à Moncton, en avril. • Publication de *Le plus clair du temps* aux Éditions Perce-Neige.

2002 Il est invité comme écrivain en résidence au Département d'études françaises de l'Université de Moncton, de septembre à février.

2003 Il participe à une soirée pour célébrer le 25e anniversaire du Centre Sainte-Anne, à Fredericton, le 15 mars. • Il déménage au 101, rue Archibald (appartement 3004) où il habitera jusqu'à son décès en 2005. • Il participe à une table ronde, avec France Daigle et Dyane Léger, dans le cadre du Colloque de l'Association des professeurs de français des universités et collèges du Canada, à l'Université Dalhousie, Halifax, le 31 mai. • Dans la cadre du même événement, Herménégilde Chiasson et Jo-Anne Elder se joignent à eux pour une lecture publique. • Acquisition du fonds Gérald Leblanc (1967-1999) par Bibliothèque et Archives Canada, Ottawa, en juin. • Il apprend à l'automne qu'il souffre d'un cancer. • Parution de *Géomancie* aux Éditions L'Interligne d'Ottawa. Il s'agit d'une réédition, dans la collection Bibliothèque canadienne-française, de ses trois premiers ouvrages : *Comme un otage du quotidien*, *Géographie de la nuit rouge* et *Lieux transitoires*. La préface est signée Raoul Boudreau.

2004 Voyage en France en mars. Il participe à l'événement « Les écrivains acadiens à Lille » à l'occasion du 400e anniversaire de l'Acadie, et au Salon du livre de Paris. • Lecture solo à la marina de Cocagne au congrès de fondation de l'Association internationale des études acadiennes en mai. • Il participe à une table ronde à l'Université Sainte-Anne, Pointe-de-l'Église (N.-É.), dans le cadre du Congrès mondial acadien à l'été. • Parution de *Techgnose* aux Éditions Perce-Neige.

2005 Il participe à une soirée de poésie au Cube des arts de la

Faculté des arts de l'Université de Moncton, organisée par les étudiants du Département d'études françaises, le 22 février. • Voyage à Paris et à Bruxelles, en mars. • Dernière lecture publique au Café Graffiti, à Moncton, dans le cadre du colloque *Translating Canada en traduction : "The Margins Talk Back" / Les marges répondent*, sous le thème « Réaliser les rêves : la traduction de la poésie acadienne en anglais », le 11 mars. • Dernière sortie publique : il assiste au spectacle d'Édith Butler au Théâtre Capitol de Moncton, en compagnie d'une amie, Charlette Robichaud, le 2 avril. • Soirée hommage à Gérald Leblanc au Centre culturel Aberdeen, à Moncton, le 23 avril, dans le cadre du Festival littéraire international Northrop-Frye où sont présents Jo-Anne Elder, Hélène Monette, Marc Poirier, Zachary Richard, Serge-Patrice Thibodeau et Élise Turcotte. Il ne peut y assister en raison de sa maladie. • Parution de *Poèmes new-yorkais* aux Éditions Perce-Neige. • Décès, le 30 mai, à l'hôpital Dr-Georges-L.-Dumont, après deux ans de lutte contre le cancer. Funérailles en la cathédrale Notre-Dame-de-l'Assomption de Moncton, le 2 juin. Sont présents le premier ministre du Nouveau-Brunswick, l'Honorable Bernard Lord, quelques ministres et députés, et le lieutenant gouverneur, son Excellence Herménégilde Chiasson, qui lui rend un hommage émouvant. • Hommage à Gérald Leblanc au 6e Marché francophone de la poésie, à Montréal, le 4 juin. • Fredric Gary Comeau, Marie-Claire Dugas, Christian Roy et Serge-Patrice Thibodeau donnent une lecture à quatre voix du poème « mouvance », tiré du recueil *Géomancie*. • Un hommage lui est rendu lors de la Nuit de la poésie au Centre culturel canadien de Paris, le 22 juin. • Cérémonie officielle à Bouctouche au cours de laquelle on donne à la bibliothèque municipale le nom de Bibliothèque publique Gérald-Leblanc, le 4 août. • Soirée de poésie en hommage à Gérald Leblanc, avec la participation du groupe musical Les Païens, au Centre culturel de Caraquet le 5 août. • Soirée-hommage à Gérald Leblanc, « Moncton en paroles : merci Gérald », au Théâtre l'Escaouette, à Moncton, dans le cadre du colloque *Cultures minoritaires et urbanité : explorations, théories et méthodes*, le 22 septembre.

2006 Première du film *L'extrême frontière, l'œuvre poétique de Gérald Leblanc* de Rodrigue Jean, à l'ouverture du Festival international de cinéma francophone en Acadie, suivie d'une soirée-hommage au Centre culturel Aberdeen, à Moncton, le 15 septembre. • Soirée-hommage lors du Festival international de poésie de Trois-Rivières, le 8 octobre. • Un hommage lui est rendu lors de l'événement « Je veille au salon », dans le cadre du Salon du livre de Montréal, le 17 novembre. En plus du maître de cérémonie Fredric Gary Comeau, plusieurs poètes et écrivains sont présents, notamment Jean-Paul Daoust et Brigitte Harrison.

Cette biographie a été établie par Jonathan Roy pour « Gérald Leblanc Multipiste », numéro spécial de la *Revue de l'Université de Moncton* en hommage à Gérald Leblanc (vol. 38, n° 1, 2007, p. 193-201). La chronologie a été compilée grâce aux sources suivantes : des membres de la famille de Gérald Leblanc, ses sœurs Murielle et Rachelle, des amis, dont plusieurs artistes, écrivains et auteurs (Raoul Boudreau, Paul J. Bourque, Régis Brun, Laurent Comeau, Herménégilde Chiasson, Rose Després, Jo-Anne Elder, Roland Gauvin, Raymond-Guy LeBlanc, Charlette Robichaud, Léo Thériault et Serge-Patrice Thibodeau). L'archiviste Monique Ostiguy, dépositaire du fonds Gérald Leblanc à Bibliothèque et Archives Canada, a pu consulter certains documents, comme les passeports et les agendas, ainsi que plusieurs curriculum vitæ de Gérald Leblanc, pour confirmer les dates de certains déplacements. Que tous ces informateurs soient sincèrement remerciés.

Plusieurs éléments de cette chronologie ne correspondent pas à ceux rapportés dans *Moncton mantra*. Même si ce roman est largement autobiographique, Gérald Leblanc y a librement modifié et aménagé les faits et les dates.

Bibliographie

1- Sur l'œuvre de Leblanc

Boudreau, Raoul, « Gérald Leblanc, libre », préface dans Gérald Leblanc, *Géomancie : Comme un otage du quotidien* suivi de *Géographie de la nuit rouge* et de *Lieux Transitoires*, coll. « BCF », Ottawa, L'Interligne, 2003, p. 9-15.

Boudreau, Raoul, « La quête de l'identité en poésie acadienne de Raymond LeBlanc à Gérald Leblanc », *LittéRéalité*, vol. 5, n° 2, 1993, p. 47-59.

Boudreau, Raoul, « La création de Moncton comme "capitale culturelle" dans l'œuvre de Gérald Leblanc », *Revue de l'Université de Moncton*, vol. 38, n° 1, 2007, p. 33-56.

Boudreau, Raoul et Anne Marie Robichaud, « Frontières de langues dans une littérature marginale : l'exemple de Gérald Leblanc », *Études canadiennes*, vol. 21, n° 39, décembre 1995, p. 153-163.

Boudreau, Raoul et Jean Morency (dir.), *Gérald Leblanc, multipiste, La revue de l'Université de Moncton*, vol. 38, n° 1, 2007.

Boudreau, Raoul et Mylène White, « Gérald Leblanc : écrivain cartographe », dans Marie-Linda Lord et Denis Bourque (dir.), *Paysages imaginaires d'Acadie. Un atlas littéraire*, Moncton, Chaire de recherche en études acadiennes, Université de Moncton, 2009, p. 40-57.

Brideau, Sarah, « Gérald Leblanc et le microcosmopolitisme », mémoire de maîtrise, Montréal, Université McGill, 2012.

Bruce, Clint, « Gérald Leblanc et l'univers micro-cosmopolite de Moncton », *Études canadiennes*, vol. 31, n° 58, juin 2005, p. 205-220.

Brun del Re, Ariane, « Portrait de villes littéraires : Moncton et Ottawa », mémoire de maîtrise, Montréal, Université McGill, 2012.

Caland, Fabienne Claire, « La cartographie acoustique de Gérald Leblanc », dans André Magord (dir.), *L'Acadie plurielle : dynamiques identitaires collectives et développement au sein des réalités acadiennes*, Moncton / Poitiers, Centre d'études acadiennes, Université de Moncton / Institut d'études acadiennes et québécoises, Université de Poitiers, 2003, p. 439-451.

Caland, Fabienne Claire, « Les vagabondages de Gérald Leblanc en terre poétique », *Revue de l'Université de Moncton*, vol. 38, n° 1, 2007, p. 57-74.

Elder, Jo-Anne, « Writing in a Foreign Tongue : Gérald Leblanc and Language », *Port Acadie : revue interdisciplinaire en études acadiennes*, n° 1, printemps 2001, p. 129-153.

Ferron, Andrée Mélissa, « Gérald Leblanc et l'expérience du corps dans la ville », *Arborescences : revue d'études françaises*, n° 3, 2013, p. 3-15.

Jacquot, Martine, « Rimbaud, Kerouac, Gérald Leblanc et les autres : la poésie ou rien », dans Raoul Boudreau *et al.* (dir.), *Mélanges Marguerite Maillet*, Moncton, Éditions d'Acadie, 1996, p. 213-233.

Leclerc, Catherine, « Between French and English, Between Ethnography and Assimilation : Strategies for Translating Moncton's Acadian vernacular », *TTR : traduction, terminologie, rédaction*, vol. 18, n° 2, 2005, p. 161-192.

Leclerc, Catherine, « Langues et traduction en équilibre : de Moncton mantra à *Moncton mantra* », *Revue de l'Université de Moncton*, vol. 38, n° 1, 2007, p. 107-138.

Leclerc, Catherine, « Ville hybride ou ville divisée : à propos du chiac et d'une ambivalence productive », *Francophonies d'Amérique*, n° 22, 2006, p. 153-165.

Lonergan, David, « Gérald Leblanc, poète de l'extrême frontière », dans Ghislain Clermont et Janine Gallant (dir.), *La modernité en Acadie*, Moncton, Chaire d'études acadiennes, Université de Moncton, coll. « Mouvange », 2005, p. 53-63.

Masson, Alain, « Écrire, habiter », *Tangence*, n° 58, octobre 1998, p. 35-46.

Masson, Alain, « Gérald Leblanc, poète moderne », dans Ghislain Clermont et Janine Gallant (dir.), *La modernité en Acadie*, Moncton, Chaire d'études acadiennes, Université de Moncton, coll. « Mouvange », 2005, p. 65-72.

Masson, Alain, « La construction du poète », *Revue de l'Université de Moncton*, vol. 38, n° 1, 2007, p. 139-150.

Morency, Jean, « Gérald Leblanc, écrivain du village planétaire », *Revue de l'Université de Moncton*, vol. 38, n° 1, 2007, p. 93-105.

Paratte, Henri-Dominique, « Du lieu de création en Acadie : entre le trop-plein et le nulle part », *Studies in Canadian Literature / Études en littérature canadienne*, vol. 18, n° 1, 1993, <http://journals.hil.unb.ca/index.php/SCL/article/view/8174/9231>.

Paré, François, « *Acadie City* ou l'invention de la ville », *Tangence*, n° 58, octobre 1998, p. 9-34.

Paré, François, « Leblanc, Ginsberg, Hakim Bey et autres visionnaires », *Revue de l'Université de Moncton*, vol. 38, n° 1, 2007, p. 75-92.

Pelletier, Lise, « La quête de l'identité dans deux roman acadiens : *Le chemin Saint-Jacques* et *Moncton mantra* », mémoire de maîtrise, Fort Kent (ME), University of Maine at Fort Kent, 2002.

Richard, Chantal, « La problématique de la langue dans la forme et le contenu de deux romans plurilingues acadiens : *Bloupe* de Jean Babineau et *Moncton mantra* de Gérald Leblanc », *Études en littérature canadienne*, vol. 23, n° 2, 1998, p. 19-35.

Viau, Robert, « *Moncton mantra* ou le portrait d'une génération », *Port Acadie : revue interdisciplinaire en études acadiennes*, n° 4, printemps 2003, p. 13-21.

Wilson, Jean, « Vers une rhétorique de la poésie et de la chanson : le cas Gérald Leblanc », *Port Acadie : revue interdisciplinaire en études acadiennes*, n° 4, printemps 2003, p. 37-46.

2- Sur *L'extrême frontière*

Boudreau, Raoul, « Frontières illimitées », *L'Acadie Nouvelle*, 8 février 1989, p. 12.

Bouraoui, Hédi, « Gérald Leblanc : écriture d'appartenance et d'émergence », *Liaison*, n° 56, 1990, p. 12.

Daoust, Jean-Paul, « *Moncton mantra* », *Estuaire*, n° 56, printemps 1990, p. 79-80.

Masson, Alain, « Compte rendu de Gérald Leblanc, *L'extrême frontière (Poèmes 1972-1988)*, *Revue de l'Université de Moncton*, vol. 21, n° 2, 1988, p. 131-134 ; réimpression, Alain Masson, *Lectures acadiennes : articles et comptes rendus sur la littérature acadienne depuis 1972*, Moncton, Éditions Perce-Neige, 1988, p. 159-161.

Ross, Sally, « Six Acadian Publications », *Atlantic Provinces Book Review*, février-mars 1989, p. 13.

Toupin, Gilles, « Gérald Leblanc, poète et Acadien », *La Presse*, 25 février 1989, p. K2.

3- Entrevues et entretiens

Bruce, Clint, « Un entretien avec le poète acadien Gérald Leblanc dans le cadre du thème "L'écrivain sur l'écriture" », *Équinoxes*, vol. 3, printemps-été 2004. URL : <http://www.brown.edu/Research/Equinoxes/journal/issue3/eqx3_leblanc.html>.

Elder, Jo-Anne, « Gérald Leblanc, accompagnateur de sa traductrice », *Liaison*, n° 133, automne 2006, p. 9-11.

Giroux, Michel, « Sur l'écriture : rencontre avec deux poètes acadiens », *Studies in Canadian Literature / Études en littérature canadienne*, vol. 17, n° 2, 1992, p. 148-165.

Olscamp, Marcel, « La ville incertaine. Entretien avec Gérald Leblanc », *Spirale*, n° 167, juillet-août 1999, p. 18.

Savoie, Paul, « Un entretien inédit avec Gérald Leblanc », *Liaison*, n° 133, automne 2006, p. 6-8.

Smith, Frank et Christophe Fauchon, « Pluriels dans la langue : entretien avec Gérald Leblanc », *Autrement*, n° 233, avril 2001, p. 86-89.

4- Divers

Chiasson, Herménégilde, « Visions de Gérald », *Revue de l'Université de Moncton*, vol. 38, n° 1, 2007, p. 7-30.

Cormier, Pénélope, « Gérald Leblanc : sa poésie », *L'Acadie Nouvelle*, 4 juin 2005, (L'Accent acadien), p. 6.

Jean, Rodrigue, *L'extrême frontière : l'œuvre poétique de Gérald Leblanc*, DVD, Moncton, Office national du film du Canada, 2006.

Lonergan, David, « Il cherchait à rendre *Les matins habitables* », *L'Acadie Nouvelle*, 25 juin 2005, (L'Accent acadien), p. 6.

Morin Rossignol, Rino, « L'Ami en allé », *L'Acadie Nouvelle*, 1er juin 2005, p. 13.

Thibodeau, Serge Patrice, « Éloge du bleu : projet pour un portrait de Gérald Leblanc », *Liaison*, n° 129, été 2005, p. 16-20.

Table des matières

www.ingramcontent.com/pod-product-compliance
Ingram Content Group UK Ltd.
Pitfield, Milton Keynes, MK11 3LW, UK
UKHW022011260726
13994UKWH00006B/2423

9 782894 239162